C테크 레이스

기후변화 대응기술의 미래

C테크 레이스

초판 1쇄   2022년 5월 25일

지은이   매일경제 국민보고대회팀
펴낸이   서정희
펴낸곳   매경출판㈜
책임편집   송혜경
마케팅   김익겸 이진희 장하라
디자인   김보현 김신아 이은설

매경출판㈜
등록   2003년 4월 24일(No. 2-3759)
주소   (04557) 서울시 중구 충무로 2(필동1가) 매일경제 별관 2층 매경출판㈜
홈페이지   www.mkbook.co.kr
전화   02)2000-2633(기획편집) 02)2000-2636(마케팅) 02)2000-2606(구입 문의)
팩스   02)2000-2609   **이메일**   publish@mk.co.kr
인쇄 · 제본   ㈜M-print   031)8071-0961
ISBN   979-11-6484-420-3(03320)

기후변화 대응기술의 미래

CLIMATE
CARBON
CLEAN

C테크 레이스
C-TECH RACE

매일경제 국민보고대회팀 지음

매일경제신문사

머리말

글로벌 C테크 레이스는
이미 시작됐다

"우리가 직면한 환경 문제는 중요하지만 관리 가능하다. 그런데 우리는 이것을 세계의 종말처럼 받아들이고 있다. (중략) 기후 변화를 비롯한 환경 문제에 대한 논의는 흔히 혼란스럽고 혼돈에 빠지기 일쑤다. 대중은 과학의 탈을 쓴 공상이 아니라 진정한 과학적 사실을 구분해 알고 싶어 한다고, 또한 인류가 가진 긍정적인 잠재력에 대해 이해하고 싶어 한다고 나는 믿는다."

미국의 환경운동가 마이클 셸런버거Michael Shellenberger의 저서 《지구를 위한다는 착각》의 서문 일부다. 우리는 가끔 닥쳐온 위기를 큰 덩어리 하나로 받아들이고 만다. 풀기 어려운 문제일수록 세세하게 쪼개 상황을 냉철하게 분석하고, 해법의 실마리를 찾아야 하는데도 말이다. 난제를 통째로 다루려고 하면 해결 방법을 찾기 어렵다. 반대로 창출될 다른 가능성이나 기회 역시 보이지 않기 마련이다.

기후 변화를 대하는 시각이 그랬다. 녹아내리는 빙하와 갈 길을 잃은 북극곰이 난처해하는 모습, 바다로 흘러간 플라스틱 쓰레기들이 돌고래나 바닷새들의 내장을 가득 채워 그들을 죽음으로 몰고 가는 영상……. 이런 위협적인 장면을 제시하면서 "인간도 이렇게 될 수 있다"는 공포심을 주입하는 고발과 경고가 환경운동의 중요한 메시지 전달 방식이었다. 나아가 기후 변화에 영향을 미친 인류의 진보, 과학과 기술의 발전을 '인류의 오만함'으로 규정하며 반성을 촉구하는 목소리도 높았다.

문제는 이 같은 환경운동 메시지가 복잡다단한 기후변화 아젠다를 단순히 환경 보전에 대한 문제로 단순화하기 쉽다는 점이다. 국제 사회에서 다루는 많은 아젠다는 그 너머에 수많은 이해관계의 충돌을 포함하고 있다. 인간에게 가장 중요한 가치로 여겨지는 '인권' 조차도 현실에선 헤게모니 싸움의 중요한 수단으로 활용되곤 한다. 생명, 자유, 종교적 신념과 같은 것들도 냉정하게는 그렇다. 환경 역시도 마찬가지다.

삶의 터전을 파괴하지 말아야 한다는 환경운동의 메시지가 우리에게 중요한 울림이 되어야 한다는 점엔 누구도 이견이 없다. 하지만 거기서 머물러 있어선 안 된다. 사안을 보다 입체적으로 분석하고, 우리가 무엇을 할 수 있고, 또 무엇을 얻을 수 있는지 치열하게 고민해야 한다. 누군가는 기후변화 문제가 야기할 위험과 기회를 면밀히 분석해 국익을 증진하거나 우리 경제에 활기를 불어넣을 수 있는 방향으로 활용할 방법을 찾아내야 한다.

그래서 〈매일경제〉는 탄소중립 대전환의 해인 2022년 기후변화 대응 기술 C테크Climate Technology를 주목했다. 기후변화 대응을 경제적 기회라는 측면에서 본격적으로 조명하기 위해서다. 위기를 극복할 긍정적인 잠재력은 결국 기술에 있다. 기후Climate · 탄소Carbon · 청정Clean 기술을 포괄하는 C테크가 해법이다.

제31차 비전 코리아 국민보고대회의 주제는 '위닝 포뮬러 : C테크 레이스Winning Formula : C-Tech Race'다. 한국 C테크의 현주소를 진단하고 치열한 글로벌 경쟁에서 승리하기 위한 공식을 제시했다. 글로벌 컨설팅 회사인 맥킨지&컴퍼니가 공동으로 보고서를 작성했고, 에너지리서치 기업 블룸버그NEF와 국제기구인 글로벌녹색성장기구Global Green Growth Institute, GGGI가 리서치 파트너로 참여해 보다 입체적이고 국제적인 시각을 담았다.

이번 국민보고대회 보고서를 공동으로 작성한 글로벌 컨설팅 회사 맥킨지&컴퍼니는 탄소중립 달성을 위해 2050년까지 세계적으로 에너지와 인프라 시스템 전환에 약 275조 달러, 우리 돈 33경 원 이상의 자본이 투입돼야 한다고 전망했다. 매년 평균 9조 2,000억 달러, 약 1경 1,000조 원이 넘는 투자가 이뤄져야 한다.

이 천문학적인 투자가 창출할 엄청난 시장을 차지하기 위해 앞으로 무궁무진한 C테크가 쏟아져 나올 전망이다. 기술의 범위는 우리의 상상을 초월한다. 미국 스페이스엑스Space X는 대기 중의 이산화탄소를 포집해 연료로 사용하는 우주선 개발을 추진하고 있다. 온실가스 현황을 모니터링하는 인공위성 네트워크, 탄소배출을 최소화하기 위한 해저 데이터센터, 대기 중의 탄소를 포집해 해저 깊숙한 곳에 묻거나 이를 활용한 제품을 만드는 기술 등도 속속 개발 중이다. 미래 청정 에너지원으로 각광받는 핵융합기술은 예상보다 빠른 속도로 기술 수준이 높아지면서 현실화 기대감을 높이고 있다. 단순한 재활용인 리사이클링Recycling을 넘어 친환경적인 아이디어나 기술을 더해 새로운 가치를 창조하는 업사이클링Up-cycling 또한 C테크의 하나다.

치열한 경쟁 이면에는 가혹한 위기도 도사리고 있다. 대부분의 C테크가 초기단계에 머물러 있는 지금, 탄소경제의 저주인 '카본쇼크'가 우리 눈앞에 펼쳐지고 있다. 석유, 천연가스 등 국제에너지 가격은 고공 행진을 거듭하고 있다. 탄소중립 물결은 물가가 오르는 '그린플레이션Greenflation'을 넘어 경제 전반의 파괴적 위기인 '그린스완Green Swan'으로 번지고 있다.

C테크 혁신이 없다면, 우리가 받을 충격은 점점 더 커질 수밖에 없다. 한국은 탄소배출이 많은 제조업 기반의 수출형 국가다. 단기간 고속 성장을 통해 선진국 반열에 올랐지만, 그만큼 탄소산업 중심의 경제구조가 견고하게 자리를 잡았다. 이를 뒤집을 선도적 C테크를 확보하는 것만이 위기를 극복하고 성장의 기회를 거머쥘 해법이다. 바로 지금, 글로벌 레이스에서 승리하기 위한 C

테크 혁신 모멘텀을 만들어내야 하는 이유다.

미국, 유럽에선 '드림 캐처'라는 이름이 붙은 프로젝트가 추진되고 있다. 대기 중의 이산화탄소를 직접 빨아들여 탄소를 걸러내는 탄소직접포집 기술Direct Air Capture, DAC 사업이다. 대규모 DAC 시설을 구축해 숲처럼 우리가 배출한 탄소를 다시 모으겠다는 것이다. 2021년 9월 스위스 벤처기업 클라임웍스Climeworks가 아이슬란드에서 가동하기 시작한 세계 최대 규모 DAC 공장 오르카Orca가 대표적이다.

당장은 생산비용이 높아 경제성이 없다는 비판이 끊이지 않는다. 오르카의 처리비용은 2021년 말 기준 이산화탄소 1t당 600달러에 달했다. 제26차 유엔기후변화협약 당사국총회COP26 이후 유럽 탄소배출권의 가격이 급등하곤 있지만, 수익성을 확보하기엔 여전히 역부족인 게 사실이다. 그럼에도 미국 에너지부는 탄소배출 감축을 위한 '탄소 네거티브 어스샷Carbon Negative Earthshot' 프로젝트의 핵심 기술로 DAC를 지목했다. 앞으로 8년 안에 탄소 제거비용을 톤당 100달러 수준까지 낮추는 게 목표다. 미래를 내다본 아마존Amazon, MS 등 글로벌 빅테크 기업은 이들에게 수억 달러를 투자했다. 테슬라를 이끄는 일론 머스크는 최고의 탄소직접포집 기술 개발자에게 1억 달러의 상금을 약속했다.

당장 계산기를 두드릴 능력이 없어서 헛된 일에 힘을 쓰는 것이 아니다. 창조적 혁신을 이루기 위해선 무한한 상상력과 도전정신이 필요하다는 점을 잘 알기 때문에 '꿈꾸는 기술자'들에게 적극적인 지원을 해주는 것이다. 두 발을 현실 위에 단단히 딛고 있으면서도, 머리와 눈으론 끊임없이 이상을 꿈꾸고 추구해야 누구도 가보지 않은 길을 개척할 수 있다. 3개월에 걸친 국민보고대회 팀의 취재도 그와 같은 여정이었다. 현실 감각을 놓치지 않으면서 보다 먼 곳을 바라보려 애썼고, 더 큰 비전을 제시하기 위해 노력했다.

〈매일경제〉는 한국이 외환위기를 겪은 1997년부터 '창조적 지식 강국으로 한국을 재무장하자'는 비전 아래 총 30차례에 걸친 국민보고대회, 32개의 보고서로 대한민국의 미래 비전을 제시해 왔다. 1998년《두뇌강국보고서》에서 2021년《비욘드 그래비티》에 이르기까지 시대를 한발 앞선 주제를 다루며 정책 아이디어와 실행 전략을 제시하는 대표적인 지식 플랫폼으로 자리를 잡았다. 보고서에 담긴 정책 제언 가운데 약 300여 개가 정부와 기업이 실제로 채택하면서 우리 사회와 경제에 큰 영향을 미쳤다.

이 책이 더 나은 대한민국을 만들기 위한 또 하나의 청사진이 되길 바란다. 탄소중립 시대, 세계 최고의 기후기술 강국으로 거듭날 한국의 미래도 함께 그려본다.

제31차 국민보고대회,
기후위기 대응을 위한 논의를 이루다

존 케리 미국 백악관 기후변화 특사

매경미디어그룹, 맥킨지&컴퍼니, 글로벌녹색성장지구, 블룸버그NEF가 중요하고 시기적절한 콘퍼런스를 개최해주신 것에 대해 감사와 축하의 말을 전합니다.

한국은 기후변화 위기에 대처하는 데 있어 필수적인 동맹국입니다. 이번 국민보고대회는 그 역할을 돌아보고 앞으로 나아갈 길을 모색할 중요한 기회입니다. 1년여 전 2050년까지 탄소중립을 달성하겠다는 약속을 발표하면서 글로벌 '레이스 투 제로Race to Zero'에 절실하게 필요했던 계기를 가져왔습니다. 또한, 2021년 지구의 날 조 바이든Joe Biden 미국 대통령이 주최한 기후정상회의에 참석해 해외 공공석탄 금융을 중단하고 미국, 유럽연합EU 등 국가들과 함께 파리협정에 따라 지구 기온 상승 폭을 1.5℃ 이내로 유지하도록 노력하는 목표에 동참하겠다고 서약했습니다. 같은 해

12월에는 2030년까지 탄소 배출량을 2018년 대비 40% 줄이겠다는 목표 또한 발표하면서 앞으로 10년 동안 야심 찬 실행에 나서겠다고 약속했습니다.

한국이 대전환에 나선 지금, 기후변화 노력을 강화한 여러분의 헌신에 감사드립니다. 저는 기후 문제에 대한 지속적인 파트너십과 관련해 미국, 더 광범위하게는 국제 사회의 확고한 헌신과 약속을 강조하고 싶습니다. 정권은 바뀌지만, 기후환경의 문제는 계속해서 남습니다. 이는 우리의 삶을 내건 싸움입니다. 해결책을 찾기 위해선 서로 힘을 합쳐야 합니다.

미국은 2030년 탄소배출 감축 목표 달성을 위해 소매를 걷어붙이고 서로 도울 준비가 되어 있습니다. 지속 가능한 발전 목표인 그린 리커버리Green recovery, 에너지 전환, 지속 가능 금융, 기후 문제에 대한 협력을 기대합니다. 한국이 녹색기후기금GCF, P4G 정상회의 리더십 등을 통해 중요한 공헌을 한 여러 분야에 대해 말입니다.

기술과 혁신은 이와 같은 노력에 모두 부합합니다. 그래서 이번 국민보고대회 주제는 매우 시의적절합니다. 저는 기후특사를 맡게 된 이후부터 혁신 아젠다에 여념 없이 몰두해왔습니다. 지난 1년간 미국은 퍼스트무버 연합First Movers Coalition처럼 새로운 이니셔티브initiative를 진두지휘하는 한편, 미션 이노베이션MI, 청정에너지 장관회의CEM 등 이전 행정부에서 했던 정책들을 지속적으로 이행해왔습니다.

2022년 3월 초, 캘리포니아 실리콘 밸리를 방문했을 때 떠올렸던 게 있습니다. 지구 기온 상승 폭을 1.5℃로 억제하는 목표를 지키기 위해선 이를 실제로 진전시킬 수 있는 과학자, 기업인, 민간부문 지도자, 연구자, 학계를 만나는 것이라는 사실 말입니다. 한국을 미국처럼 녹색 철강, 수소, 탄소포집Carbon Capture Storage, CCS 등의 최첨단 기술을 확장시키기에 가장 적합한 혁신 최강국입니다. 저는 이러한 주제와 관련한 국민보고대회의 토의가 매우 생산적이라고 믿습니다.

계속되는 기후변화 위기에 모든 국가와 사회구성원의 대응이 필수라는 점을 잘 압니다. 정부, 기업, NGO를 아우르는 세계의 다양한 목소리가 한데 모일 수 있다는 것은 매우 희망적인 일입니다. 최근 미 국무부의 이니셔티브는 한국 CEO들이 참여한 기후 원탁회의, 한국 청소년을 위해 새로 출범한 '우리 어스Oori Earth' 기후 행동 네트워크 등을 아우르고 있습니다. 이를 통해 대한민국 안에 기후위기 대응을 위한 불씨들이 여전히 살아있다는 것을 확인하고 용기를 얻을 수 있었습니다. 매우 생산적인 회의가 되길 기원하며, 앞으로 새로 출범할 한국 정부, 그리고 국민과 긴밀한 관계를 이어나갈 수 있기를 기대합니다.

CONTENTS

3부 C테크 경주의 승자가 되기 위한 전략

1부

○

인간이 초래한
기후변화 위기

온실가스 배출로 인한
지구의 최후

○

고온실 지구의 기후변화

가파른 기후변화로 지구의 '마지막 야생'으로 불리는 남극이 녹고 있다. 2020년 2월 남극은 역대 최고기온을 기록했다. 남극의 에스페란자 기지에서 18.3℃의 이상 고온 현상이 관측된 것이다. 2022년 2월에는 극지연구소 남극 세종기지에서 13.9℃의 고온 현상이 관측되기도 했다. 1988년 한국이 남극 세종기지를 만들고 기온을 측정하기 시작한 이래 가장 높은 수치였다. 기후변화로 칠레 남쪽의 해수면 온도가 상승했고, 여기서 만들어진 따뜻한 바람이 북풍을 타고 남극으로 직접 유입된 것이 원인으로 지목됐다.

인류가 촉발한 기후변화로 뜨거워진 지구가 이제는 인류를 위협하고 있다. 그동안 학계에서는 폭염, 폭우 등 이상기후의 원인을 두고 오랜 갑론을박이 있었다. 하지만 최근 기후변화와 이상기후의 상관관계를 밝혀낸 다양한 연구 결과가 쏟아져 나오면서 학계는 인간 활동에 따른 기후변화가 지구촌 곳곳에 이상기후를 일으키고 있다고 사실상 결론을 내렸다.

세계기상기구WMO와 유엔환경계획UNEP이 기후변화의 과학적 규명을 위해 공동 설립한 국제협의체인 기후변화에 관한 정부 간 협의체Intergovernmental Panel on Climate Change, IPCC가 2021년 8월 발표한 〈제6차 평가보고서〉에서 "온실가스 배출의 증가가 일부 극한 기후, 특히 극심한 더위를 더 자주, 더 강력하게 만들었다는 것은 이제 '확실한 사실'"이라고 밝혔다. WMO 역시 2021년 10월 발표한 보고서에서 "강력한 폭염과 파괴적인 홍수 등 극단적인 기상 현상은 이제 '뉴 노멀New normal(새로운 표준)'이 됐다"며 "이들 중 일부는 인간에 의한 기후변화가 원인이라는 과학적 증거가 증가하고 있다"고 경고했다.

WMO에 따르면 최근 7년간(2015~2021년) 지구 평균기온은 관측사상 '가장 뜨거운 7년'으로 기록됐다. 2021년 지구 평균온도는 이미 산업화 이전 대비 1.09℃가 올랐다. 2021년 8월 국토의 85%가 얼음으로 뒤덮인 북극 그린란드 정상에서는 처음으로 눈 대신 비가 내렸다. 빙하 위로 70억t의 강우가 쏟아졌다. 같은 해 여름 독일, 벨기에 등 서유럽에서 유례없는 폭우로 1,000년 만에 대홍수가 발생했고, 미국 남서부 지역에서 극단적 폭염이 일어나면서 캘리포니아주 데스밸리는 낮 최고기온이 54.4℃까지 치솟았

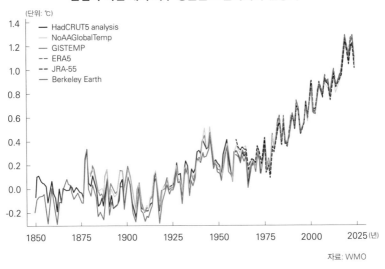

산업화 이전 대비 지구 평균온도 변화폭과 전망치

(단위: ℃)

- HadCRUT5 analysis
- NoAAGlobalTemp
- GISTEMP
- ERA5
- JRA-55
- Berkeley Earth

자료: WMO

다. 100여 년 만의 기록적인 세계 최고기온이었다.

이 같은 더위는 종종 파괴적인 화재를 동반했다. 앞서 2019년 가을 호주에서 발생한 사상 최악의 산불 사태가 대표적이다. 이듬 해 봄까지 수개월 간 이어진 당시 산불은 한국 국토면적에 해당하 는 약 1,000만 헥타르(㏊)가 넘는 대지를 태웠고, 10억 마리 이상 의 야생 동물들이 화재로 죽거나 서식지를 옮기는 등 영향을 받았 다. 기후변화로 인한 기록적인 고온 현상과 유례없는 가뭄이 건조 한 땅을 만들어 최악의 산불로 이어졌다는 것이다.

2021년 8월 기준 전 세계 평균 해수면 높이는 1990년대 초반 보다 10.22㎝ 상승한 것으로 나타났다. 특히 2021년 1~8월 동안 에만 0.45㎝가 올랐다. 위성으로 해수면을 정밀 측정하기 시작한

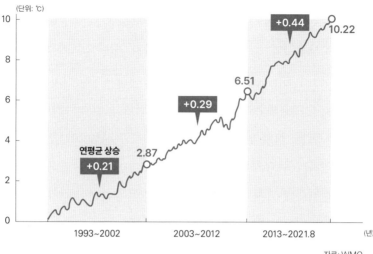

세계 해수면 증가 추이

(단위: ℃)

연평균 상승 +0.21

2.87

+0.29

6.51

+0.44

10.22

1993~2002   2003~2012   2013~2021.8   (년)

자료: WMO

이래 가장 높은 수치다. 이와 관련해 조나단 루이스 뱀버Jonathan Louis Bamber 브리스톨 빙하학센터장은 현재 해수면 상승 속도가 어느 때보다 빠르며 이대로라면 2100년엔 전 세계 6억 3,000만 인구가 삶의 터전을 잃을 수 있다고 밝혔다. 해양 온난화와 산성화도 심각한 수준이다.

이뿐만이 아니다. 2021년 12월 미 중부에서 발생한 수십 개의 토네이도는 400㎞를 이동하며 켄터키 등 6개 주를 휩쓸어 최소 90여 명의 사망자를 냈다. 100년 만에 가장 큰 피해를 입힌 '최악의 토네이도'였다. 그동안 미국에서 토네이도는 가을과 겨울에 상대적으로 드물었다. 같은 달 미 중부에서 발생한 이상고온과 라니냐(저수온 현상)가 대규모 토네이도가 생성되는 데 이상적인 조건을 제공했다는 게 전문가들의 분석이었다.

안토니우 구테흐스Antonio Guterres UN 사무총장은 "깊은 바다에서부터 산꼭대기, 녹아내리는 빙하와 가차 없는 극한 기후 현상에 이르기까지 지구 전역의 생태계와 공동체가 황폐화하고 있다"고 지적했다. 기후변화는 모든 일상을 바꿔놓고 있다. 극한의 기상현상은 물론, 식탁 위까지 달라지고 있다. 일례로 2021년 8월 제주도 앞바다 수온은 28℃ 내외로 평년보다 1~2℃ 높았다. 높아진 수온에 아열대 어종으로 가득하고, 처음으로 감태가 사라졌다. 과거 많이 잡히던 어종은 잘 안 보이고 어획량도 줄었다. 이와 마찬가지로 땅이 건조해지면 벼 같은 곡물 수확량도 줄어들 수밖에 없다. 기후 위기가 식량 위기이자 인류의 위기인 셈이다.

인간 활동에 의한 온실가스 배출이 지구온난화를 비롯한 기후변화를 일으키고 있다는 것은 시간에 따른 온실가스 배출량과 대기 중 온실가스 농도, 지구 평균온도 변화를 보면 명백히 드러난다. 그동안 인간 활동에 의한 온실가스 순 배출 총량은 지속적으로 증가해왔다. 특히 2010~2019년 이산화탄소 누적 배출량은 410GtCO$_2$(GtCO$_2$=100만 tCO$_2$)으로 1850~2019년까지의 누적 배출량(2,400GtCO$_2$)의 17%를 차지했다. 산업이 고도화하면서 과거에 비해 연간 배출량이 많아졌다는 뜻이다.

이 같은 가파른 배출량 증가는 대기 중 이산화탄소 농도 증가로 이어졌다. WMO에 따르면 2020년 이산화탄소(CO$_2$) 농도는

세계 이산화탄소 대기 중 농도와 산업화 이전 대비 지구 평균온도 증가 폭

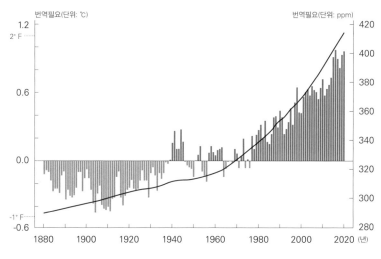

* 대기 중 이산화탄소 농도가 높아질수록 지구 평균온도
가 높아진 것을 확인할 수 있다. 기후변화의 주원인으로
인간 활동을 지목하는 대표적인 근거다.

자료: NOAA

413.2ppm으로 산업화 이전인 1750년의 149%에 달한다. 또 다른
온실가스인 메탄(CH_4)은 1,889ppb, 이산화질소(NO_2)는 333.2ppb
로 같은 기간 262%, 123%로 뛰었다.

미국 국립해양대기청NOAA에 따르면 대기 중 이산화탄소 농도
는 1880~1950년 70년 동안 20ppm가량 상승했고, 평균기온은
10년마다 평균 0.04℃씩 상승했다. 하지만 1950년 이후 70년 동
안 대기 중 이산화탄소 농도는 평균 100ppm 상승했다. 과거 70
년보다 5배나 빠른 것이다. 과거 지구 빙하기의 맥락에서 보면 무
려 5,000~1만 5,000년이 걸렸던 양이다(물론 자연적으로도 소량의

이산화탄소가 배출된다). 1950~2020년 사이 지구온난화 속도는 10년마다 평균 0.14℃씩 오르는 수준이었다.

2018년 8월 스웨덴, 호주, 덴마크, 영국, 미국, 벨기에, 독일, 네덜란드 8개국 13개 연구기관이 참여한 국제공동연구진은 모든 국가가 '파리기후변화협약Paris Climate Change Accord'의 이행 목표를 달성하더라도 탄소 배출량 감축만으로는 지구가 '그린하우스Greenhouse(온실)'를 넘어 '핫하우스Hothouse(고온실)' 상태로 가는 상황을 막을 수 없다는 연구 결과를 국제학술지 〈미국국립과학원회보PNAS〉에 발표했다. 엘니뇨 현상, 영구동토층 감소, 아마존 밀림 감소 등 15가지 이상의 복합 요인들이 연쇄적인 기온 상승 작용을 일으키며 기후변화가 매우 가파르게 진행되고 있다는 것이다. 이는 지난 120만 년 동안 지구 시스템이 겪은 변화를 토대로 지구에서 일어나는 다양한 현상의 유기적 상호작용을 예측한 결과다. 기후변화로 인한 도미노가 쓰러지기 시작해 지금보다 더 강도 높은 이산화탄소 감축 노력이 없을 경우 폭염, 한파, 폭우, 냉해 등 극한 기후가 더욱 심해질 것이라는 냉혹한 전망이 있다. 이러한 연구 결과는 세계적으로 큰 반향을 일으켰다.

논문의 공동 저자인 캐서린 리처드슨Katherine Richardson 덴마크 코펜하겐대 교수는 "만약 2100년 지구의 평균온도가 산업화 이전보다 2℃ 이상 높아진다면, 지구는 돌이킬 수 없이 '고온실 지구'를 향해 가게 된다"며 "인류의 종말까지는 수백 년이 걸릴 수도 있지

기후변화의 도미노 현상

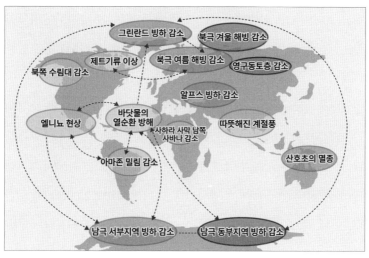

지구온난화에 미치는 요인들

● 1~3도 ○ 3~5도 ● 5도 이상

자료: 미국 국립과학원회보

만, 당장 수십 년 내로 현대사회는 지금과 같은 모습을 완전히 잃게 될 것"이라고 경고했다. 지구에 살아남을 수 있는 인구가 시간이 갈수록 급격하게 줄어들 것이라는 지적이다.

기후변화를 가속하는 요인 중 대표적인 것이 남극의 빙하 감소다. 대부분 얼음이 바다에 떠있는 해빙이기 때문에 녹더라도 즉각 해수면을 높이지 않는 북극과 달리, 남극 대륙의 빙하는 녹는 대로 바다로 흘러들어가 해수면 상승으로 이어진다. 특히 빙하가 바다로 흘러내리지 못하게 막는 버팀목 역할을 해온 남극의 주요 빙붕氷棚이 무너지면서 급격한 해수면 상승을 우려하는 목소리가 높다.

영국과 미국을 중심으로 한 국제스웨이츠빙하협력단ITGC 연구
진은 2021년 12월 미국 뉴올리언스에서 열린 '미국지구물리학연
합AGU 춘계 회의'에서 "스웨이츠 빙하의 3분의 1을 지탱하고 있는
스웨이츠 동쪽 빙붕에서 새로운 균열이 관측됐다. 이 균열은 연
간 2km에 달하는 무서운 속도로 매우 취약한 상태의 빙붕 중심부
쪽으로 확대되고 있다"며 스웨이츠 동쪽 빙붕은 5년 내 산산조각
날 가능성이 매우 높은 것으로 나타났다고 발표했다. 남극의 5대
빙하 중 하나인 스웨이츠 빙하는 면적이 약 19만 2,000$km²$에 달한
다. 미국 플로리다주(17만 312㎢)나 영국 본토(20만 9,331㎢), 한반
도(22만 2,000㎢) 등과 비슷한 규모로 세계에서 가장 넓은 규모의
빙하로 꼽힌다. 스웨이츠 빙하는 전부 녹아내릴 경우 심각한 해수
면 상승을 일으켜 지구에 재앙을 가져온다는 의미에서 '둠스데이
Doomsday(종말의 날) 빙하'로도 불린다.

에린 페팃Erin Pettit 미국 오리건주립대 지구해양대기과학부 교
수는 "현재 남극 빙붕의 균열은 자동차 앞 유리의 균열과 비슷한
상태다. 자동차 앞 유리에 생긴 균열은 서서히 커지다가 자동차가
어딘가에 살짝 부딪치면 그 즉시 앞 유리는 수백 개의 조각으로
부서진다"며 결국 균열은 빙붕의 취약한 부위를 따라 지그재그 형
태로 얼음을 관통하면서 빙붕을 산산조각 낼 것이라고 밝혔다.

빙붕은 이미 바다에 떠 있는 얼음 덩어리이기 때문에 빙붕이
녹거나 부서진다고 당장 해수면이 올라가지는 않는다. 다만 빙붕
으로 이뤄진 장벽이 무너지면 댐의 수문을 여는 것과 같은 효과로

남극 스웨이츠 빙하 전경

© 스웨덴 고텐부르크대

많은 양의 빙하가 바다로 흘러 들어가면서 해수면 상승으로 직결된다. 이원상 극지연구소 해수면변동예측사업단장은 "빙붕이 무너지면 코르크 마개가 '빵' 열리듯 내륙빙하까지 걷잡을 수 없이 녹아내릴 것"이라고 설명했다.

서남쪽 아문센해에 인접한 스웨이츠 빙하는 해마다 약 500억t씩 녹아내리고 있다. 1980년대 이후 사라진 얼음만 5,950억t에 이른다. 그동안 전 세계 해수면 상승에 대한 스웨이츠 빙하의 기여도는 4% 수준으로 평가됐다. 가령 해수면이 1m 상승했다고 하면 이 중 4cm는 스웨이츠 빙하가 녹아내리면서 올라갔다는 뜻이다. ITGC 연구진은 빙붕이 산산조각 난 뒤 스웨이츠 빙하가 지금보다 더 빠른 속도로 바다로 흘러내리기 시작하면 스웨이츠 빙하의 지구 해수면 상승 기여도가 25%까지 크게 증가할 수 있다고 경고했다. 스웨이츠 빙하가 완전히 소멸할 경우 해수면이 65㎝ 이상 올라갈 수 있다는 분석도 나왔다.

2016년 체결된 파리기후변화협약에 따라 세계 각국은 2100년 지구 평균온도 증가 폭을 산업화 이전 대비 1.5℃ 이하(최소 2℃ 이하)가 되도록 노력하기로 합의했지만 80년 가까이 남은 긴 시간에 비해 허용되는 온도 상승분은 얼마 남지 않았다. 이미 산업화 이전 대비 1.09℃(2021년 기준)가 오른 상황이기 때문이다.

2018년 IPCC는 2100년까지 지구 평균온도 상승 폭을 1.5℃로 제한하기 위한 온실가스 배출경로와 1.5℃ 온난화의 영향 등을 과학적으로 분석한 〈지구온난화 1.5℃ 특별보고서〉를 통해 전 세계 온실가스를 2010년 대비 2030년까지 45% 이상 감축해야 하고, 2050년까지 전 지구적인 탄소중립(온실가스 순배출 '0'을 만드는 것)을 실현해야 한다고 권고했다.

이어 2018년 10월에는 인천에서 개최된 제48차 IPCC 총회에서 〈지구온난화 1.5℃ 특별보고서〉의 〈정책입안자들을 위한 요약서Summary for Policymakers〉가 전 회원국들의 합의로 승인·채택됐다. 이 보고서는 신新 기후체제 기후변화 협상에 주요 근거로 사용됐다. 이에 따라 2020년 기후정상회의와 2021년 10월 COP26 등을 통해 한국을 비롯한 136개국이 2050년까지 탄소중립을 달성할 것을 선언했다.

하지만 IPCC는 〈제6차 평가보고서〉에서 COP26까지 제출된 국가 온실가스 감축목표NDC만으로는 21세기 이내에 지구온난화를 1.5℃ 이내로 제한하기는 어려울 것으로 전망하면서 2040년 전까지 지구 평균온도가 산업화 이전 대비 1.5℃ 오를 것으로 예측했다. 즉, 전 세계적으로 현재까지 계획해온 탄소 감축 시나리오보다 훨씬 더 큰 폭의 탄소 감축이 이뤄져야만 1.5℃ 이상의 온난화를 막을 수 있다는 뜻이다. 이 때문에 COP26에서 회원국들은 2022년 말까지 2030년 NDC 상향안을 제출하기로 잠정 합의했다.

IPCC는 2022년 3월 195개국 400여 명의 대표단이 참가한 제56차 총회에서 1.5℃ 지구온난화 제한 목표를 달성하기 위해 2030년까지 전 세계 온실가스 순 배출량을 2019년 대비 43% 감축해야 한다고 쓴 〈AR6 제3실무그룹 보고서〉를 승인했다.

이미 '기후위기 대응을 위한 탄소중립·녹색성장 기본법'(2022년 3월 25일부터 시행)을 통해 2050년 탄소중립을 법제화한 한국은 배출정점인 2018년 대비 2030년 온실가스 배출량 감축 비율 목표를 기존 26.3%에서 40%로 대폭 상향했다. 이에 따라 한국은 2018년 7억 137만tCO$_2$에 달했던 국가 온실가스 배출량을 2050년까지 0으로 만들어야 한다.

탄소중립을 향한 에너지 전환의 필요성

2050 탄소중립은 인류가 지금까지 탄소 자원에 기반하여 구축한 경제·사회 구조 전반을 완전히 뒤집는 전면적 혁신이다. 탄소 배출은 인류의 삶과 맞닿은 대부분의 영역에 걸쳐 이뤄지고 있다. 불과 30년도 안 되는 짧은 기간 내에 탄소 배출을 제로로 만들기 위해선 엄청난 고통이 뒤따를 수밖에 없다.

특히 충격이 클 것으로 예상되는 것은 에너지 분야다. 국제에너지기구IEA가 2021년 발간한 〈넷 제로Net Zero〉 보고서에 따르면 에너지 부문은 세계 배출량의 75%를 차지하는 온실가스의 주범이다. IEA에 따르면 전 세계 발전량 기준 석탄의 비중은 화석연료에 절대적으로 의존하는 지금의 에너지 생산 구조를 혁신하지 않는다면 탄소중립 달성은 불가능하다. 안정적이면서도 가격적 메리트가 높은 새로운 '탄소중립 에너지원'을 찾는 것이 가장 큰 과제다.

화석에너지 가운데 가장 적극적으로 감축해야 할 것은 석탄이다. 석탄은 화석연료 가운데 온실가스 배출이 가장 많은 에너지원이다. 하지만 세계적으로 탄소중립이 강조되는 가운데 오히려 화석연료를 태우는 화력발전이 늘어나고 있다는 역설이 나타나고 있다. IEA가 발표한 〈글로벌 에너지 리뷰 : 2021년 이산화탄소 배출량〉 보고서에 따르면 세계 전체 발전량에서 석탄화력 발전량의 비중은 36.5%를 기록했다. 2020년 35.3%에서 1.2%포인트 늘어

부문별 세계 이산화탄소 배출량 추이

(단위: Mt CO₂)

년도	전기 및 열 생산	기타 에너지 산업	산업	운송	재생	상업 및 공공 서비스	농업	낚시	기타 최종 소비량
1990	7,621	971	3,954	4,610	1,832	765	398	18	341
1995	8,162	1,067	3,937	5,024	1,847	718	402	18	191
2000	9,359	1,196	3,874	5,773	1,829	695	337	19	158
2005	10,977	1,407	4,925	6,502	1,901	773	396	24	180
2010	12,500	1,650	6,082	7,013	1,898	810	395	23	205
2015	13,358	1,635	6,325	7,725	1,870	822	405	20	202
2019	14,068	1,694	6,254	8,222	1,969	825	407	20	162

자료: IEA Greenhouse Gas Emissions from Energy

난 숫자다. 중국과 인도를 비롯해 아시아 개발도상국에서 석탄화력 발전량이 증가하면서 비중을 끌어올렸다. 재생 에너지의 증가에도 불구하고 여전히 화석연료 의존도는 쉽사리 떨어지지 않고 있다는 의미다.

산업과 교통·운송 부문 역시 상당하다. 다행히 교통부문은 전기·수소자동차의 확산과 함께 변화가 비교적 빠르게 진행되고 있다. 에너지원을 전기화하면서 탄소중립을 향해 나아가고 있기 때문에 궁극적으로는 에너지 전환의 문제로 귀결될 가능성이 높다.

문제는 산업이다. 탄소배출이 많은 전통적인 석유화학·철강 등 중화학·제조업 부문에서 근본적인 혁신이 이뤄지지 못하고 있다. 2050 탄소중립 목표를 달성하려면 공정 등을 친환경적으로 전환해야 하는데, 수익성이나 안정성 측면에서 기존의 화석원료나 자재를 대체할 자원을 확보하기가 쉽지 않다.

더딘 혁신과 달리 산업 분야에 대한 탄소중립 압박을 갈수록 속도를 더해가고 있다. EU 집행위원회는 2021년 7월 2030년 탄소배출량 55% 감축(1990년 배출량 기준)을 달성하겠다는 기후변화 대응 패키지 〈Fit for 55〉와 탄소국경조정제도CBAM 초안을 발표했다. 이어 2022년 1월 5일에는 유럽의회 환경·공공보건·식품안전위원회ENVI가 CBAM 초안을 더욱 강화한 법안 초안을 내놨다. 탄소국경세의 적용 품목을 기존 시멘트·전기·비료·철강·알루미늄에서 수소·암모니아·플라스틱 등으로 확대하고, 탄소배출량 산정 시 기존의 직접 배출량뿐만 아니라 전기·냉난방 등 제품의 생산과정에서 소비되는 간접 배출량까지 포함하는 게 골자다. 사실상 EU 내부는 물론 상대국들에게도 탄소중립 산업 공급망과 가치사슬 구축을 압박하고 있다는 의미다.

세계 8위 이산화탄소 배출. 탄소 다배출 제조업 국가. 국제 시각에서 바라보면 한국의 현실이 이렇다. 경제 규모에선 명실공히 선진국 반열에 올랐지만, 국제사회의 새로운 룰로 떠오른 '탄소중립' 부문에선 불리한 위치에 있다는 게 냉정한 평가다. 고도성장 과정에서 고착된 탄소 다배출 업종 위주의 산업·에너지 구조 때문이다. 적극적인 C테크 투자를 통해 탄소중립 전환을 가속화하고 세계 시장을 공략해야 한다는 목소리가 높다.

맥킨지&컴퍼니 맥킨지글로벌연구소MGI가 2022년 발표한 〈탄소중립 이행 보고서〉는 선진국 가운데 탄소중립 전환 노출도가 가장 큰 국가로 '한국'을 꼽았다. 한국은 2019년 기준 세계 이산화탄소 배출량의 약 1.4%를 차지해 상위 10위권 명단에 이름을 올렸다.

한국은 중국, 미국, 인도, 러시아 등 최상위권 국가들에 비해 절대적인 배출량은 적다. 하지만 1인당 배출량이 매우 많다는 점에서 한국이 겪을 탄소중립 전환 충격이 상당할 것으로 분석됐다. 한국의 연간 1인당 이산화탄소 배출량은 세계 평균치(7.3t)의 두 배가 넘는 15.5t이었다. 미국(약 19t)보다는 적지만, 일본(10t)이나 중국(9t)에 비하면 확연히 많다.

특히 전체 이산화탄소 배출량의 70%를 차지하는 전력과 산업 분야, 19%를 차지하는 교통·운수 분야의 탄소중립 전환이 시급한 것으로 나타났다. 한국은 맥킨지의 6개 국가별 분류에서 탄소 다배출 제조업 국가에 포함됐다. 우리의 수출 경쟁국인 일본·독일도 같은 유형에 속했는데, 한국은 상대적으로 전환 리스크가 큰 산업이 많았다. 한국은 화석연료 의존 상품, 발전·산업, 교통, 가계 배출 등 4개 분야에서 모두 고위험군에 속했다. 일본과 독일은 이 중 2개 분야만 고위험군으로 분류됐다.

갈수록 엄격해지는 세계 각국의 탄소 배출 규제는 수출 의존도가 높은 한국에겐 막대한 부담이 될 수밖에 없다. 화석연료에

한국의 높은 탄소중립 전환 리스크

» 탄소 다배출 제조업 국가

국가	화석연로 의존 제품	전력 및 산업	모빌리티(교통)
멕시코			
한국			
일본			
독일			

배출량

낮음 ·········► 높음

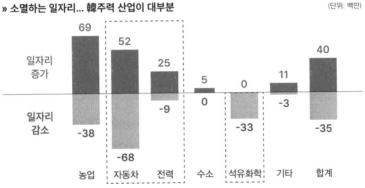

» 소멸하는 일자리... 韓주력 산업이 대부분 　　　　　(단위: 백만)

일자리 증가 / 일자리 감소

농업	자동차	전력	수소	석유화학	기타	합계
69	52	25	5	0	11	40
-38	-68	-9	0	-33	-3	-35

대한 투자 감소와 수급 불균형 여파로 국제 원자재 가격이 뛰는 '그린플레이션Greenflation'은 물론 세계적인 '그린스완Green-Swan(기후 위기가 촉발할 전방위적 경제위기)' 가능성까지 제기되기 시작했다. 정재훈 맥킨지 한국사무소 파트너는 "탄소 규제 확대는 발전·산업 등 여러 산업재와 소비재의 가격을 광범위하게 끌어올릴 가능성이 높다"며 "수출 중심인 한국 기업엔 새로운 무역장벽으로 작

용하게 될 것"이라고 말했다.

일자리 감소 우려도 크다. 맥킨지&컴퍼니는 2050년까지 탄소 중립을 추진하는 과정에서 세계적으로 일자리 1억 870만 개가 사라지고, 2억 200만 개가 탄생할 것으로 예측했다. 문제는 한국 주력 업종에 해당하는 자동차, 석유화학 분야에서 감소폭이 크다는 점이다. 자동차 산업에서는 일자리 6,800만 개가 사라지고 5,200만 개가 새로 생겨 1,600만 개가 감소하는 것으로 나타났다. 석유화학 분야에선 일자리 3,300만 개가 줄어들 것으로 예상됐다.

맥킨지&컴퍼니는 한국의 경우 수준 높은 기술력과 인적자원을 앞세워 C테크 개발에 힘을 실어야 한다고 강조한다. 세계 각국이 탄소중립 전환에 필요한 자산을 얼마나 보유했는지 분석한 결과 한국의 천연자산은 경쟁 국가들에 비해 크게 뒤처진 것으로 나타났다. 한국이 그간 집중 투자한 태양광에너지 부문의 잠재력은 중간 이하를 의미하는 3등급에 그쳤다. 삼림 재생을 통한 이산화탄소 감축 잠재력이나 CCS 잠재력도 3등급이었고, 광물의 활용 가능성은 4등급으로 최하위 수준이었다. 풍력 잠재력만 일본·독일 등과 함께 2등급으로 평균 이상의 평가를 받았다.

하지만 '기술자산'과 '인적자산' 분야에선 세계 최상위권에 이름을 올렸다. 2020년 기준 국내총생산GDP의 4.8%에 해당하는 연구개발R&D 지출 비용, 다량의 기후변화 완화 기술 특허 수, 이공계 STEM(과학·기술·공학·수학) 분야 졸업생 비율 등에서 모두 1등급으로 평가받았다. 일본이나 독일, 미국, 프랑스 등도 기술자산 1등급이었는데, 인적자산까지 1등급에 포진한 것은 한국뿐이었다.

다만 절대적인 기후기술 수준 자체가 미국, 일본, 독일 등 선진국들에 뒤처졌다는 점이 해결해야 할 과제다. 2022년 3월 전국경제인연합회가 경제협력개발기구OECD 자료를 바탕으로 국가별 기후변화 완화 기술 특허 수를 비교한 결과 한국은 2014~2018년 누적 특허 8,635개를 보유한 것으로 집계됐다. 일본 2만 3,035개의 3분의 1 수준에 불과하며 미국(1만 8,329개), 독일(1만 1,552개)보다 적은 숫자다. 특히 수소환원제철(산화철을 철로 환원시키기 위한 환원제로 일산화탄소 대신 수소를 사용하는 공정), 탄소 포집 · 활용 · 저장 기술Carbon Capture Utilization and Storage, CCUS 등 핵심 기술 분야에서 경쟁력이 낮은 것으로 나타났다.

이미 찾아온
카본 쇼크

치솟는 탄소배출권 가격

　한국거래소에 따르면 2021년 12월 14일 배출권 KAU21의 가격은 3만 4,900원을 기록했다. KAU21이란 거래 가능한 2022년 배출권을 의미하며 개당 1t의 온실가스를 배출할 수 있다. KAU21이 상장된 같은 해 1월 대비 2배 가까이 오른 가격이다. 탄소배출권의 가격이 통상 연말에 가장 높아진다고 하지만 2021년의 상승폭은 역사적인 수준이었다. 코로나19 회복세와 함께 상품에 대한 수요가 증가하면서 기업들의 제품 생산량이 상승했고 탄소배출권에 대한 수요도 함께 높아진 탓이다. 탄소 다배출 산업을 중심으로 비용 부담에 대한 우려의 목소리가 쏟아진 것도 이 시기다.

　탄소배출권거래제도ETS는 이산화탄소 등 온실가스를 배출할 수 있는 권리를 상품처럼 사고파는 제도다. 국가 또는 기업별로 온실가스를 배출할 수 있는 권리를 양적으로 제한하고, 보유한 배출권 미만으로 온실가스를 배출한 기업 또는 국가의 여유분을 초과한 곳이 매입하는 것을 허용한다. 1994년 국제사회가 지구온난화의 원인이 되는 온실가스의 배출을 억제하기 위해 '기후 변화에 관한 UN협약ᴜɴꜰᴄᴄᴄ'을 발표하고, 이행방안으로 '교토의정서'를 채택하면서 등장했다. 교토의정서는 선진국들의 온실가스 감축 의무화와 시장원리에 입각한 새로운 온실가스 감축수단의 도입 등을 주요 내용으로 한다.

한국도 2005년 당시 세계 10위였던 온실가스 배출규모를 감안해 향후 의무 감축국으로 편입될 가능성이 높다고 판단하고 대책의 일환으로 ETS를 도입했다. 2015년 거래제도를 도입한 이후 제1차 계획기간(2015~2017), 제2차 계획기간(2018~2020)을 지나 제3차 계획기간(2021~2025)을 지나고 있다.

제3차 계획기간에서 가장 크게 달라진 점은 할당기업들이 정부로부터 할당받는 배출권의 유상할당 비율이다. 할당기업들은 1차적으로 국가에서 배출권을 할당받은 뒤 ETS 시장에서 거래한다. 유상할당 비율은 정부에 비용을 지불하고 받는 배출권이다. 제2차 계획기간 동안 3%였던 이 비율은 제3차 계획기간으로 이행하면서 10%로 늘어났다. 거래제에 참여하는 할당업체 수도 609개에서 684개로 늘었고 국가 전체 감축 후 배출량도 6만 9,100만t에서 6만 6,300t으로 줄어든 것이 주요 변경 사항이다.

유동성공급자제도가 도입된 것도 중요한 변화다. 상장사 가운데 매매거래가 부진한 종목과 계약을 맺은 증권회사(발행사)가 지속적으로 매도·매수 호가를 제시해 안정적인 가격 형성을 유도하는 제도다. 투자자들에게 지속적인 가격 표시 역할을 함으로서 활발한 거래가 이뤄질 수 있게 돕는다.

자본시장연구원에 따르면 한국 배출권거래제는 몇 가지 강점이 있다. 주요국에 비해 배출권거래제의 적용대상 온실가스 범위가 넓다는 것이 첫 번째다. 국제사회가 정한 7가지 온실가스 중 한국은 6가지(이산화탄소, 메탄, 아산화질소, 수소불화탄소, 과불화탄소, 육불화황)를 포함하고 있다. 2021년 기준 유럽연합 배출권거래제도EU ETS가 3가지, 미국북동부배출권거래시장RGGI이 1가지, 중국이 1가지의 온실가스를 포함하고 있다는 점을 감안하면 매우 광범위한 수준이다. NDC에서 ETS 적용 대상 기업들이 배출하는 배출량이 73%로 높다는 점도 거래제의 효과를 극대화할 수 있는 장점 중 하나다. 유럽 ETS는 이 수치가 39%, 중국은 40%, 뉴질랜드는 51%, 스위스는 10%, 영국은 31%, 독일은 40% 등에 불과하다.

2021년의 이례적인 탄소배출권 가격 상승률은 일시적인 요인이 분명 섞여 있지만 전문가들은 탄소배출권 가격이 장기적으로 계속 상승할 것으로 보고 있다. 유럽, 미국 등 탄소선진국은 물론 중국 등 여러 국가의 배출권거래제상 배출권은 최근 크게 상승하고 있다.

세계은행에 따르면 2015년 이후 세계 주요국 탄소배출권 가

상승하는 주요국 탄소배출권 가격

(단위: 달러)

	2015	2016	2017	2018	2019	2020	2021	6년간 상승률
앨버타(캐나다)	11.9	15.4	24	23.3	22.5	22.6	31.8	267.7
캘리포니아(미국)	12.5	12.8	15.1	15.1	15.8	16.9	17.9	143.6
유럽연합(EU)	7.7	4.9	6.2	16.4	24.5	30.1	49.8	647.3
광둥성(중국)	5.5	1.3	1.9	2.3	2.9	4.1	5.7	104.2
한국	9.1	15.1	18.1	20.5	23.5	18.8	15.9	174.6
뉴질랜드	4.9	13	13.5	15.2	17.5	22.5	25.8	522.4
미국 북동부	5.9	5.2	3.9	4.3	4.9	5.9	8.7	147.3
사이타마(일본)	37.5	14.6	13.6	5.7	5.9	5.7	5.4	14.4

*2021년 4월 1일 기준   자료: 세계은행

격은 상승세에 있다. 특히 시장이 비교적 성숙한 유럽, 북미, 뉴질랜드 시장의 경우 상승 폭이 더욱 크다. 유럽 ETS 탄소배출권의 가격은 6년 새 647.3%, 캐나다 앨버타는 267.7%, 뉴질랜드는 522.4% 상승했다. 한국 ETS 시장에서 거래되는 탄소배출권의 가격 역시 장기적으로는 상승곡선을 그릴 것이라는 점을 유추할 수 있다.

기업들의 부담도 빠르게 커지고 있다. 비영리 에너지·환경정책 싱크탱크 사단법인 넥스트에 따르면 포스코의 배출권 구매비용은 2021년 780억 원에서 2030년 7조 3,140억 원으로 100배 가까이 증가할 것으로 예상된다. 이는 포스코가 현재 계획하고 있는 고로 기반 혁신 기술이 적용됐다고 감안했을 때의 수치다. 삼성전

자의 배출권 구매 비용은 같은 기간 1,400억 원에서 3조 7,960억 원으로, S-OIL은 650억 원에서 1조 6,100억 원으로, LG화학은 250억 원에서 1조 3,150억 원으로 부담이 늘어날 것으로 전망됐다. 기업 부담의 증가는 전 세계적인 현상이다. 맥킨지&컴퍼니는 2022년 1월 발표한 보고서에서 "2021~2050년 탄소중립 전환을 위해 에너지와 토지 이용 시스템 분야에서만 275조 달러의 투자(연 9조 2,000억 달러)가 이뤄져야 할 것"으로 보고 이는 글로벌 기업 이익의 절반에 달하는 수준이라고 분석했다.

이 같은 부담 증가에도 ETS는 장점이 많다. 자본시장연구원에 따르면 ETS는 탄소배출의 사회적 비용을 오염자가 부담할 수 있도록 유도하는 탄소가격제의 일환이다. 탄소에 '가격'을 부과하는 제도는 탄소세이며, 배출하는 '양'을 부과하는 제도는 ETS다. 다시 말해 탄소세는 소비자가 구매하는 재화와 서비스부터 전기 등 공공요금에 이르기까지 가격에 탄소 배출에 따른 사회적 한계비용이 반영된다. ETS는 국가가 전체 배출허용량을 결정하고 이를 기업으로 할당해 총 감축 스케줄을 달성하는 형태다.

최근에는 ETS에 대한 수용성이 더욱 높아지고 있다. 첫 번째 이유는 수량목표를 제시하는 방식이 감축량 목표 중심인 2050 탄소중립 로드맵과 직접 연계하기 유리해서다. 로드맵에 따라 국가 연간 배출감축량이 정해지면 이에 맞춰 ETS의 배출허용량을 설정하고 이를 다시 산업과 기업 등 개별 경제주체로 할당하면 된다. 탄소세는 감축량이 아닌 가격을 정책목표로 삼기 때문에 실제

탄소세가 경제 전체의 탄소량을 감축시키는 데 얼마나 기여할지 분명히 확인하기가 어렵다. 조세저항도 낮다. 배출권거래제 하에서 허용배출량을 대상 기업에 유상으로 할당할 때 기업들은 자발적으로 경매에 참여한다. 탄소세는 각종 재화와 서비스의 가격에 전방위적으로 반영돼 소비자들의 조세저항을 불러올 가능성이 더 높다.

ETS 시장이 지금보다 성숙한다면 할당기업들에 매우 적극적인 탄소감축 유인을 제공하기도 한다. 탄소 실제 배출량과 허용배출량 차이만큼 해당하는 잉여배출금이 기업에게는 일종의 재산권으로 작용하여 이를 매각해 수입을 얻을 수 있게 되기 때문이다. 이 같은 장점과 더불어 국제 사회에서 시도되고 있는 다양한 탄소 관련 제도의 근간이 되기 때문에 발전적으로 받아들여 제도를 안착시키는 것이 반드시 필요하다고 할 수 있다. 탄소배출권거래시장을 활성화하고, 기업들로 하여금 빠르게 시장에 적용할 수 있도록 하고, 정책 리스크 등으로 인한 배출권의 가격 변동성을 줄여야 한다.

무엇보다 정책 입안자와 집행자들이 ETS 시장의 불확실성을 최소화하는 것이 중요하다. 2021년 한국 정부는 NDC를 2018년 대비 26.3%에서 40%로 상향했지만 제3차 계획기간 배출허용 총량은 이에 맞춰 수정되지 않은 상태다. 여기에 새 정부가 유력하게 변경을 추진할 것으로 보이는 에너지기본계획에 따라 기후변화 기본계획, 2030 탄소중립 로드맵이 변경돼 종국에는 ETS 할당계획까지 바뀌어야 할 것으로 보인다. 전문가들은 이 작업이 최소 3~4년 이상 걸릴 것이며 빠르게 계획이 수정되지 않을 경우 2025년 이후 할당대상 기업들이 급격한 감축 압력에 직면하게 될 것이라고 우려한다. ETS 할당계획은 각 경제주체들이 탄소배출권과 관련된 경제 행동을 하는 데 가장 기본적인 벤치마크가 되므로 빠르게 계획을 수립해 불확실성을 최소화해야 한다.

제3차 기본계획으로 이행하는 과정에서 발생한 문제점도 개선해야 한다. 대표적으로 할당 대상 업체의 상쇄배출권이 전체 배출량에서 차지할 수 있는 비중의 한도가 10%에서 5%로 축소되는 과정에서 국내와 국외 감축분 사이 존재하던 각각 5%의 한계(캡)가 사라진 점을 꼽는다.

상쇄배출권은 배출권거래제의 할당 대상 업체가 조직경계 외부의 배출시설이나 배출활동에서 국제적인 기준에 부합하는 방식으로 온실가스를 감축해 획득한다. 해당 기업이 자체 사업 영역에서 온실가스를 더는 감축할 수 없을 경우 국내외 다른 사업을 통해 탄소 배출 감축 실적을 인정받을 수 있는 것이다. 단, 사업을 시행하기 전 정부에 사업을 등록해 탄소배출 감축 실적을 인증받는 등의 철저한 절차를 거쳐야 한다.

제2차 기본계획 기간까지 할당 대상 업체는 전체 감축량의 10%를 본인의 사업 영역 밖에서 가져올 수 있었다. 그러나 국외에서 가져올 수 있는 비중은 이중 절반인 5%로 한계를 뒀다. 기본적으로 국내 감축을 최우선시해야 한다는 국제사회의 정책 방향을 유지하기 위한 조치다. 개발도상국에서는 국내보다 비교적 탄소 배출을 감축하기가 쉬운 탓에 지금까지 10% 중 90% 이상(전체 감축량의 9%)은 국내가 아닌 국외에서 이뤄져 왔다. 그런데 10%의 한도가 5%로 줄어드는 과정에서 국내와 국외 감축분 사이 캡이 무너졌다는 데 문제가 있다고 전문가들은 지적한다. 기존 체계에서는 상쇄배출권으로 부담하는 국내 감축분이 할당 대상 업체의 총 감축분에서 1%라도 존재했지만 이 감축분이 사실상 없어질 수도 있게 됐다는 것이다.

상쇄배출권 비중을 축소하는 과정이 산업계와의 충분한 소통이 이뤄지지 않은 채 빠르게 진행됐다는 지적도 제기된다. 산업계에 따르면 환경부 등 관련 부처가 제3차 기본계획에 상쇄배출권 비중을 축소하는 내용을 처음 발표한 것은 2020년 상반기다. 할당 대상 업체 입장에서는 당장 이듬해 탄소배출 감축 목표를 달성하기 위해 외부감축이라는 수단을 사용해왔는데, 이 수단을 사용할 수 있는 한계가 10%에서 5%로 줄어들었다. 그런데 이를 준비할 만한 기간이 1년도 남지 않았던 셈이다. 이 같이 산업계에 큰 영향을 미칠 수 있는 결정이 충분한 소통 없이 이뤄지는 관행은 개선돼야 할 점이다.

거래를 활성화하기 위해서는 유상할당 확대 기조를 유지해야 한다. 다소 관대하게 보이는 무상할당 비중은 산업계의 수용성을 고려한 조치지만 기업들이 배출권을 거래하려는 유인을 제거한다는 지적이 있어왔다. 90%의 할당량이 무상으로 공급되는 현재 상태에서는 배출허용 총량의 극히 일부분만 유통시장에서 거래된다. 유상할당 비중을 늘리면 실제 배출량이 허용배출량보다 많은 기업이 배출권의 잠재 수요자가 돼 거래가 활성화될 수 있고 환경 오염물질을 배출한 자로 하여금 그 오염으로 인한 피해 비용을 지불하도록 하는 건전한 시장이 형성될 수 있다.

제3차 계획기간부터 시장에 투입된 유동성 공급자들을 충분히 활용하고 탄소 기반의 금융상품 개발 등을 통해 거래를 촉진하는 것도 필요하다. 다만 이 경우 탄소배출권을 직접 거래해야 하기 때문에 기업 담당자들을 대상으로 심도 있는 교육이 진행돼야 한다. 기업 담당자들이나 투자자들의 배출권 시장에 대한 이해도가 떨어지는 상황에서는 자칫 이 제도가 증권업계의 이익 증대에만 도움이 되는 제도로 전락할 수 있다는 지적이 나온다.

탈탄소로 인한 물가상승, 그린플레이션

2021년 9월. 중공업이 발달한 중국 랴오닝성에서는 큰 규모의 정전과 단수가 일어났다. 야경을 밝히던 빌딩의 불은 사그라졌고 도로 위 신호등까지 작동하지 않으면서 도로가 마비됐다. 식당, 호텔 등 인근 중공업 지역 노동자들이 자주 이용하는 시설은 전기가 들어오지 않아 이들은 끼니도 걸러야 했다. 랴오닝성 당국은 급증한 전력 사용량을 발전용량이 따라가지 못해 정전사태가 발생했다고 설명했다. 이와 같은 전력난은 중공업이 발달한 동북 3성을 중심으로 더욱 심각하게 나타났는데 지린성은 2022년 3월까지 단전과 단수가 일상화될 수 있다고 공지하기도 했다. 중국 북동부 지방에서 시작한 정전은 점차 확산해 장쑤, 광둥 지역에 이어 내륙 대도시까지도 전력 사용 제한조치가 시행됐다. 9월 말까지 전력 공급을 제한하는 지역은 31개성급 관할구역 중 최소 20곳으로 늘어났다. 중국에 생산기지를 둔 도요타, 포스코, 오리온, 애플, 콘크래프트홀딩스 등 기업은 가동을 중단하는 피해를 겪어야 했다.

대규모 정전은 중국 정부의 호주산 석탄 수입 제한 조치와 함께 저탄소 정책이 맞물려 초래됐다는 분석이 지배적이다. 2020년 11월 이후 호주와의 무역 전쟁으로 관계가 악화한 이후 호주산 석탄을 수입하지 않으면서 석탄 재고가 최저치에 달한 데다, 중국 남부와 북동부 일대 주요 전력 생산 수단인 수력발전과 풍력발전이 제 기능을 하지 못했기 때문이다. 신재생에너지의 간헐성을 완충할 수 있는 대체 에너지원이 없는 상황에서 기존의 석탄 발전 방식에도 제동이 걸리면서 단전이라는 극단적인 상황으로 치달은 것이다.

성태윤 연세대 경제학부 교수는 한 매체에 기고한 칼럼에서 "석탄 재고 부족으로 탈석탄 발전을 할 수밖에 없던 중국은 경제적인 의미의 블랙아웃이 발생해 산업 전체와 국민의 경제적인 삶에 어려움을 주고 있다"며 "중국도 풍력, 수력을 비롯한 대체에너지 발전에 힘쓰지만 현실적으로 석탄에 의존하지 않는 전기 공급은 한계를 지닐 수밖에 없기 때문"이라고 설명했다.

탈탄소화는 크게 두 가지 측면에서 원자재와 각종 상품의 가격 상승을 이끈다. 첫 번째는 에너지다. 중국의 사례처럼 태양광·풍력 등 친환경 에너지원의 간헐성을 보완하기 위해 각국에서는 화석연료 발전소의 가동률을 올리게 되고 이는 발전연료 단가 급등으로 이어진다. 사실상 모든 제품과 서비스를 생산하는 데 소비되는 에너지 가격의 상승은 물가 상승으로 이어진다.

KDB미래전략연구소에 따르면 2021년 10월 주요국 소비자물가 상승률은 미국은 31년 만에, EU는 1994년 3월 이후로, 중국은 2020년 10월 이후 최고 상승률을 기록했다. 에너지 단가 상승은 중국에만 국한된 이야기가 아니다. 유럽도 풍력 약화로 미흡해진 발전량 대체를 위해 석탄 발전량을 확대하면서 2021년 석탄 및 전력생산 단가에 영향을 받았다.

발전단가가 상승해 생산시설 가동률이 떨어지거나 극단적으로 가동이 중단되면 이는 글로벌 가치사슬 일부분의 마비로 이어진다. 특히 중국처럼 가치사슬에서 큰 부분을 차지하고 있는 국가가 에너지 공급에 지장을 받으면 글로벌 경제에 미치는 파급력은 더욱 커진다. 수요는 여전한데 제품을 생산하거나 운반할 수 없으니 시장에서 가격은 상승할 수밖에 없는 것이다.

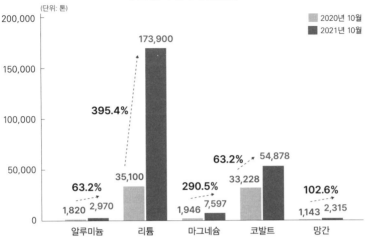

주요 원자재가격 증감률

(단위: 톤)

- 2020년 10월
- 2021년 10월

알루미늄	63.2%	1,820 → 2,970
리튬	395.4%	35,100 → 173,900
마그네슘	290.5%	1,946 → 7,597
코발트	63.2%	33,228 → 54,878
망간	102.6%	1,143 → 2,315

*리튬은 위안화/톤

자료: 한국자원정보서비스(KOMIS)

두 번째는 탈탄소 사회로의 이행 자체가 친환경 관련 원자재 가격을 상승시키기 때문이다. 기후위기에 대한 세계의 경각심이 고조되면서 탄소중립과 연계한 전기차 등 친환경 원자재 수요는 폭등했다. 2021년 3분기 리튬의 가격은 2021년 같은 기간보다 395.4%, 마그네슘은 290.5%, 망간은 102.6% 상승했다. 유럽에서는 차체를 가볍게 하는 자재인 알루미늄, 마그네슘 등 원재료의 공급이 부족해 후방 제조업 생산이 감소했다. 미국은 희토류, 리튬 등 친환경 원자재의 중국 생산량이 감소하면서 산업 생산이 줄어들었다. 원자재 가격의 상승은 한국처럼 천연자원이 부족하고 중간재 생산이 경제에서 차지하는 비중이 높은 국가에는 무역수지 하락으로 직결된다.

글로벌 경제 분석가들은 친환경 관련 원자재 공급난이 생각보다 해결하기 어려운 문제가 될 것임을 시사했다. 각국 정부가 신재생에너지, 전기차 등 산업 탈탄소화에 드라이브를 거는 동시에 목표를 이루는 데 필수적인 원자재 공급 방식은 오히려 제한하고 있는 측면이 있어서다. 전 모건스탠리 전략가인 루치르 샤르마 Ruchir Sharma는 파이낸셜 포스트에 게재한 기고문에서 "녹색경제 건설을 위한 정부의 지출 확대는 녹색경제 관련 광물 수요 증가로 이어진다"며 "동시에 정부는 각종 규제로 '녹색경제 관련 광물' 광산 또는 정련소 투자를 위축시켜 공급 감소로 이어지고 있다"고 분석했다.

구체적인 사례로 구리를 들었다. 태양광이나 풍력 발전은 전통 화석 연료 발전보다 6배나 많은 전선이 필요하기 때문에 구리는 친환경 에너지 전환에서 핵심적인 원자재다. 샤르마는 "구리는 녹색 경제 달성에 필수적인 광물이지만 환경주의자들은 알래스카 지역 사회와 연어 보호를 위해 구리 광산개발을 막았다"고 설명했다. 세계 구리의 40%가 생산되는 칠레, 페루 등 남미 지역에도 엄격한 환경 · 사회 · 지배구조ESG 기준이 적용되고 있어 환경 관련 법안 강화와 세금 인상을 추진하고 있는데, 이러한 조치들은 대형 구리 광산의 수익성 저하와 투자 위축으로 이어진다는 것이다. 그는 "세계 알루미늄의 60%가 중국에서 정련되지만 중국도 탄소 중립을 위해 금속 생산량을 줄이고 있다"고도 덧붙였다.

KDB미래연구소는 탄소중립이 세계적으로 반드시 달성해야 할 과제로 떠오른 상황에서 그린플레이션은 피할 수 없는 현상이라며 한국도 이에 효율적으로 대처할 필요가 있다고 지적했다. 구체적으로 청정에너지 부문에 대한 투자를 확충하고 과도기적인 전력공급원간 보완성도 함께 고려할 필요가 있다는 설명이다. 친환경 원자재 수급과 관련해서도 과도한 중국 의존도를 완화하기 위해 수급처를 다면화하고, 가능한 범위 내에서 자체 생산망을 유지·보완하고 주요 원자재를 비축하는 전략을 수립해야 할 필요가 있다고도 제안했다. 경기 확장 및 축소와 함께 상승과 하강을 반복하는 일반적인 인플레이션과 달리 그린플레이션은 글로벌 경제 시스템에 내재화될 것으로 보인다. 국가별 중앙은행 협력기구인 국제결제은행BIS은 2020년 〈기후변화 시대의 중앙은행과 금융안정〉 보고서를 통해 기후변화가 "자연 생태계와 시민사회를 위협하고 화폐와 금융의 안정성까지 흔들어 금융위기를 초래할 수 있다"고 경고했다.

기후변화로 인한 금융위기를 '그린스완'이라고 규정하면서 그 구체적인 양상으로 농산물과 에너지 자원의 급격한 가격 변동을 들기도 했다. 그린스완은 금융시장을 뒤흔들 수 있는 불확실한 위험을 뜻하는 '블랙스완'을 기후와 관련된 위기가 초래할 위기로 전환한 단어다. 블랙스완처럼 예측이 어렵고 파급력이 크다는 특성이 있지만 반드시 미래에 실현될 것이라는 확실성이 있고, 앞서 발생한 금융위기들과 비교할 수 없을 만큼 시장에 미치는 영향이 크다고 BIS는 설명했다.

BIS는 기후변화가 그린플레이션뿐 아니라 해수면 상승, 폭풍, 홍수 등 자연현상을 더 자주 초래하면서 각국 중앙은행과 금융기관, 기업, 가정 등에 큰 비용과 재정적 손실을 안겨줄 것으로 예측했다. 그러면서 기후변화 위험에 대응하기 위해 생태계적인 회계 제도를 도입할 필요가 있다고 제안했다. 기업 활동이 환경에 미치는 생태학적 영향을 고려해 자연 자본주의 등 새로운 회계 접근을 통해 지속 가능한 발전을 도모할 필요가 있다는 것이다. 또 글로벌 금융위기 이후 완충자본 규제를 통해 은행 부문의 취약성을 제고한 것처럼 기후 관련 위험에 대한 완충장치도 마련될 필요가 있다고 지적했다.

새로운 무역장벽이 될 탄소

2021년 7월, EU 집행위원회는 탄소국경조정제도CBAM 입법 초안을 발표했다. EU에 제품을 수출하기 위해서는 EU 수준에 상응하는 탄소배출 비용을 부담해야 한다는 것이 골자다. 탄소배출량 감축규제가 강한 EU처럼 상대적으로 규제가 덜한 국가로 탄소배출이 이전되는 '탄소누출' 문제를 해결하기 위해 고안됐다. 대상은 철강, 시멘트, 알루미늄, 비료 및 전기 등 탄소 다배출 품목이다. 2023년부터 2025년까지 과도기간을 거쳐 2026년부터 본격적으로 시행될 예정이다.

CBAM이 시행되면 당장 한국에 미칠 표면적인 영향은 크지 않아 보일 수 있다. 코트라에 따르면 CBAM은 대 EU 수출이 집중된 철강업계에 집중적으로 영향을 미칠 전망이다. 2020년 기준 한국이 EU에 수출한 철과 철강은 금액으로는 15억 2,300만 달러며 물량으로는 221만 3,680t이다. 2020년 한국 전체 수출액이 5,129억 달러였음을 고려하면 1% 미만에 해당하는 절대치로, 영향이 그리 크지 않다고 볼 수 있는 셈이다. 그러나 CBAM 대상 품목에서 중소기업의 간접수출 규모가 크다는 점을 고려하면 영향범위가 더 넓어진다. 대외경제정책연구원에 따르면 특히 CBAM이 국내 중소기업에 미치는 영향은 상당할 것으로 예상된다. 직·간접 수출을 모두 고려할 때 탄소비용 부담이 가장 큰 산업은 철강가공 산업으로 나타났는데 2019년 EU에 수출된 철강제품 3억 3,990만 달러 중 60%를 중소기업의 수출이 차지했다. 이외에도 비료 수출액(194만 1,000달러)에서도 차지하는 비중이 53.4%로 높았고, 알루미늄(18.8%), 철강(15%), 시멘트(8.1%) 등이 뒤를 이었다.

CBAM이 국제사회가 탄소를 무역장벽으로 활용하는 첫 단계라는 점에서 이 제도에 적응하는 것은 더욱 중요하다. 탄소 배출 감축이 주요 아젠다로 떠오르면서 이를 어떻게 제도화할 것인지는 글로벌 헤게모니와 직결되고 있다. 실제 2021년 5월 독일은 CBAM 대신 세계 주요 국가 간 협의체인 기후클럽을 창설할 것을 제안했다. 기후클럽은 기후변화 대응에서 무임승차 문제를 해결하기 위해 참여국에는 인센티브를 주고 그 밖의 나라에는 보복 관세를 매기는 제도다. CBAM 도입에 찬성했던 프랑스 외교부 EU 담당 장관도 기후클럽 참가국에 대한 CBAM 면제 방안에 긍정적인 입장을 밝히면서 기대감을 높인 바 있다. 이를 두고 자동차·기계를 많이 수출하는 독일이 철강에 많은 탄소국경세가 붙을 것으로 보이는 CBAM보다 그들이 주도하는 협의체를 만들려고 하는 것 아니냐는 분석도 나온다.

탄소의 글로벌 헤게모니화에 따른 갈등은 관세동맹뿐만 아니라 탄소가격세에서도 나타날 조짐이 보이고 있다. 전 세계의 탄소에 같은 값을 부여할 것인지를 두고 글로벌 오피니언 리더들의 시각은 갈리고 있다. OECD 사무총장인 마티아스 콜먼Mathias Cormann은 2022년 1월 국내 한 언론과의 인터뷰에서 각국에 공정하게 적용할 탄소 배출 관련 제도를 만들어야 한다며 OECD가 탄소 가격제의 제도적 틀을 마련하고, 국가 간 합의를 이끌어내는 데 핵심적인 역할을 할 수 있다고 말했다. 탄소 배출 부담이 선진국에서 개도국으로 계속해 이전되는 식이면 전 지구의 탄소 배출 감축에 속도가 나지 않는다는 이유에서다.

반면 2022년 2월 초 글로벌 컨설팅 기업인 맥킨지&컴퍼니의 웨비나에 패널로 참여한 산업계 연사들은 글로벌 단일 탄소 시장을 형성하는 것이 합리적이지 않다고 밝혔다. 이탈리아에 본사를 둔 글로벌 전기·가스 기업인 에넬Enel의 CEO 프란체스코 스타라체Francesco Starace는 웨비나에서 "미국과 유럽은 상황이 다르기 때문에 차별화해 다르게 가는 것이 합리적"이라고 말했다. 이처럼 이제 막 태동하는 탄소 시장과 무역 장벽 관련 제도를 두고 선진국 사이에서도 치열한 주도권 다툼이 벌어지고 있는 모양새다.

아직 EU에서도 구체적인 법안의 내용이 나오지 않은 상황에서 국내에서 CBAM을 필두로 한 탄소국경세에 대응하기에는 한계가 있을 수도 있다. 그럼에도 미리 대응하는 것이 완전히 불가능한 것은 아니다.

우선 탄소배출 데이터를 효율적으로 관리할 수 있는 측정 및 관리체계를 구축하는 것이 중요하다. 배출량 데이터를 측정·보고·검증할 수 있도록 체계가 갖춰져야 한다. 특히 기업들이 행정적인 절차에 긴 시간을 쏟지 않도록 관련 부처들이 긴밀히 협의해 간소화된 구조를 만들 필요가 있다. 자체적인 대응역량이 부족한 중소기업은 더 긴 시간 시스템 구축 기간을 제공하고 지원 체계를 마련해야 한다.

탄소중립 대응을 위한 중장기 정책 방향과 추진 전략이 미비한 중소기업의 대응을 위해서는 중소기업 전담 CBAM 자문기관을 신설해 주무부처를 중심으로 대응반 등의 운영을 고려할 수 있다. 해외 주요 국가에서는 중소기업의 자발적인 참여를 유도하는 기업 주도 탄소중립정책, 중소기업의 환경제품 및 기술에 대한 수출지원제도, 저탄소화를 위한 ICTInformation and Communications Technologies 활용 또는 디지털 전환 지원, 탄소중립 대응을 위한 중소기업과 대기업 간 협력 강화 등의 방안을 시행하고 있다.

가장 기본적인 것은 한국 ETS 시장을 활성화하는 것이다. ETS는 국가의 탄소중립을 달성하는 데 중요한 제도일 뿐만 아니라 탄소국경세에 대한 대응능력이 높다는 점도 장점으로 꼽힌다. CBAM 체제에서 탄소 배출 비용을 지불할 수단이 탄소세가 아니라 배출권이며 배출권 가격은 EU ETS를 벤치마크하기 때문이다. 또 역외 수출기업이 해당 국가의 ETS를 통해 탄소비용을 EU 수준으로 지불한 경우 CBAM을 적용하지 않는 예외를 둘 가능성이 높다.

ETS의 해외 연계 역시 중요한 개념으로 자리 잡고 있는 가운데, 한국이 동북아 3국의 ETS 통합을 주도하는 것도 고려해봄 직하다. 동아시아 지역에서 볼 때 한국은 ETS에서는 선두주자다. 일본은 2010년부터 도쿄도와 사이타마현에서 의무적인 ETS를 시행하고 있지만 아직 전국 단위로 시행하고 있지는 않으며, 중국은 2017년 12월 전국 단위로 시행한다고 발표했지만 사실상 준비상태라고 볼 수 있다. 한·중·일의 이산화탄소 배출량은 전 세계의 약 30%를 차지하며 이들의 탄소시장이 통합되면 단일 ETS 전세계 배출량의 22%까지 커버하는 대형 시장이 된다.

동북아 3국 시장 연계는 다양한 긍정적 효과를 기대할 수 있다. 경제적으로는 감축 비용이 서로 다른 업체들이 시장에 참가함으로써 거래가 활성화될 수 있다. 탄소 시장이 통합되고 성공적으로 협력이 이뤄진다면 3국 사이에 복잡하게 얽혀 있는 안보 및 경제협력 문제를 풀어낼 수 있는 실마리가 될 수도 있다. EU 국가들과 미국이 탄소 헤게모니를 잡기 위한 제도 경쟁을 시작하는 가운데 동북아가 협상력을 키울 수 있는 복안이기도 하다. 3국이 정치적인 의지만 있다면 통합 가능성도 높다는 설명이다. 세 나라의 ETS가 모두 상쇄를 허용하는 시장 시스템을 갖고 있기 때문이다. 이밖에도 이월을 3국이 모두 허용한다는 점, 탄소 배출 감축량의 산정·보고·검증 방식이 모두 EU ETS를 기반으로 하고 있다는 점도 긍정적이다.

이회성
IPCC 의장

탄소중립 사회에서 중요한
최고결정권자들의 결단력

"재원이 있고, 기술이 있고, 남은 것은 정책의 이슈다. 탄소중립 시스템 전환이 경제성장, 고용안정과도 이어질 수 있도록 최고결정권자들이 직접 나서야 한다."

이회성 IPCC 의장은 '탄소중립 사회로의 전환' 화두가 정부, 기업, 스타트업에게 위기가 아닌 기회요인이 될 수 있다고 강조했다. 전 세계 과학자들의 협업을 통해 발표되는 IPCC 평가보고서는 신뢰성 높은 과학적 보고서로 인정받아 유엔기후변화협약 당사국총회COP에서 정책 근거자료로 활용된다. 2022년 4월 4일에는

6차 평가보고서 3개 실무그룹 중 기업에서 관심이 가장 많은 주제인 '기후변화 완화'와 관련된 〈제3 실무그룹WG3 보고서〉가 발표됐다. 인터뷰가 이뤄진 날은 이회성 의장이 영국 런던에서 보고서 조율 작업에 참여했다가 막 귀국한 때였다.

2015년부터 IPCC 의장을 맡고 있는 그는 2018년 이천 송도 IPCC 총회에서 〈1.5℃ 보고서〉 채택을 이끌어 방탄소년단BTS과 함께 2019년 타임지 선정 '세계에서 가장 영향력 있는 100인'에도 이름을 올렸다.

Q. 이번에 발표된 〈제3 실무그룹 보고서〉의 핵심은 무엇인가요?

A. 다양한 기후대책들을 성공시키려면 정부 역할이 어느 때보다 중요하다는 점이 강조됐습니다. 기후 안정화라는 공익과 경제의 발전, 고용안정화 증진 등을 연결시킬 수 있는 고리가 필요한데 아직 부족한 상태로 보입니다. 정부가 연결고리를 만들고 민간투자가 이뤄질 수 있도록 위험을 분산시켜주는 등 인센티브 제도도 마련해야 합니다. 특히 가장 중요한 것이 인프라 구축입니다. 에너지 시설은 한번 들어서면 최소 50년을 운영하게 됩니다. 앞으로 50년의 탄소배출을 약정하는 격입니다. 지금 당장 저탄소형 에너지 투자가 필요하다는 것이 더욱 분명해졌다고 할 수 있겠습니다.

Q. 최고결정권자의 역할이 강조되는 것 같습니다.

A. 최고결정권자들이 직접적 의지를 가지고 임해야 합니다. 기후 문제도 국가적 차원에서 어느 정도의 우선순위를 줄 것이냐에 달려 있습니다. 우선순위는 각 나라마다 차이가 있습니다. 사회적 합의가 중요합니다. 하지만 탄소중립으로 가야 한다는 시대적인 요구는 거부할 수 없는 상황입니다. 이왕 갈 길이라면 선점하는 것이 국가 이익에도 도움이 될 것입니다.

Q. 기후기술C-tech 시장이 '제2의 중동붐' 같은 기회가 될 수 있을까요?

A. 당연히 될 수 있습니다. 같은 노력을 들였을 때 가장 효과가 빨리 나고 이득이 큰 쪽으로 재원이 몰릴 것입니다. 국가차원에서 볼 때 이득이 사회적인 혜택까지 포함된 것이라면, 같은 노력을 들이면서 가장 큰 보람을 느끼는 사업이 투자 우선순위가 될 것입니다. '탄소중립의 미래'라는 관점에서 스타트업이나 기존 기업 모두 투자 매력이 클 것입니다. 탄소중립형에 관련돼 있는 모든 가치의 영역은 확대될 수밖에 없습니다. 확대되는 시장을 놓고 다른 곳으로 갈 필요가 없습니다.

Q. 보고서에서는 투자 격차, 정책, 기술 혁신에 대한 분석도 제시됐습니다. 어떤 시사점을 얻을 수 있나요?

A. 재원이 모자라고, 기후재원을 더 충당해야 한다는 내용이 많습니다. 다시 들여다보면, 기본적으로 전체적인 투자재원이 부

족한 것이 아니라 보다 많은 부분이 기후재정 쪽으로 투입돼야 한다는 얘기를 하고 있는 것입니다. 투자재원 배분의 문제입니다. 투자재원의 배분이 기후 쪽으로 많이 흘러가려면 그럴만한 이유가 있어야 하는데 투자에 따른 리턴, 소득 등이 있습니다. 다른 곳에 투자했을 때보다 기후 쪽에 하는 것이 낫다는 결론이 나와야겠죠. 계속해서 투자재원에 대한 문제가 제기된다는 것은 엄밀하게 봤을 때 지금 당장은 경제적으로 시장에서 요구하는 재원을 끌어올 수 있는 타당성까지 입증이 안 돼서 재원배분의 문제가 노출된 것이 아닌가 판단할 수도 있습니다. 기후투자라는 것이 일반 시장 기준에서 본다면 조금 불리한 면은 있습니다. 그렇지만 민간 투자시장은 수익률을 보고 움직이는 것이니까 거기에도 신경써야겠죠. 그래서 보고서에서는 기후재정에 대해서 기본적으로 발생하는 리스크를 좀 완화시키는 정책의 필요성을 얘기하고 있습니다. 간단한 문제는 아닙니다.

Q. 큰 틀에서 어떤 기술들이 각광받을 것으로 보시나요?

A. 어떤 C-Tech가 각광받을 것인지는 다 알려져 있습니다. 이번 보고서에서는 1.5℃에 대한 기대가 무너지고 있다는 사실을 밝히고 있습니다. 어떻게 해서든 1.5℃를 방어해야 한다는 목표와도 귀착됩니다. 과도하게 배출된 온실가스를 흡수해야 한다는 뜻입니다. CCUS, DACCSDirect Air Capture with Carbon Storage(공

기 중 이산화탄소 직접 포집·저장 기술) 같은 기술에 재원이 많이 투입될 것으로 전망됩니다. 재생 에너지는 배터리를 의미하는데 배터리에 들어가는 물질과 관련해 공급망 위험을 최소화하는 쪽으로 연구개발이 이뤄지고 있습니다. 큰 틀에서는 탄소중립형 에너지 시스템과 원료 물질순환형 시스템의 접목이 불가피합니다. 접목이 돼야만 기후문제도 해결될 수 있고 지속가능 발전 목표도 달성될 수 있습니다. 로컬 푸드를 좋아하듯이 로컬 에너지를 좋아하는 시대가 열릴 수 있습니다.

Q. CCUS 기술은 역할과 경제성을 둘러싼 논란도 있는 것 같습니다.

A. 이번 보고서에서 이산화탄소를 저장할 수 있는 지하 저장고를 쭉 검증했습니다. 충분하다는 결론이 나왔습니다. 기술성, 경제성 다음으로는 사회적 수용성이 중요합니다. 이번 보고서에서도 여러 기술들이 나열되면서 가능성에 관한 질문이 많아서 별도로 상세하게 검증했습니다. 새로운 기술은 이행에 따른 부담도 같이 안아가면서 사회적으로 수용성을 높여가야만 새 기술로 접목될 수 있습니다. CCUS는 기존 화석에너지 사용을 두면서 이산화탄소를 처리하는 것입니다. 기존에 기술개발이 잘 돼 있는 에너지 체계를 모두 소위 좌초자산_{stranded asset}으로 만들면서 아예 다른 에너지원으로 이행할 것인지, 아니면 기존 자산을 살리면서 이산화탄소 배출을 0으로 만들 수 있을 것인지 기술의 문제여서 앞으로 두고 봐야 할 것 같습니다. 기존

시스템에 기후변화 원인을 제거하는 기술이 접목되면 새로운 에너지 체계가 나올 수 있습니다.

Q. 우크라이나 전쟁으로 에너지 가격이 급등했는데 탄소중립 사회로의 전환 정책이 후퇴하는 것 아닐까요?

A. 지금까지 각종 가격의 변동에도 불구하고 10년 동안 에너지의 탄소함유량은 계속 줄어왔습니다. 지난 10년 동안 국내총생산 GDP 당 들어가는 에너지 함유량도 계속 줄어왔습니다. 어떤 특정 에너지 가격이 전체 경제에 미치는 영향은 한순간 커 보일 수 있습니다. 하지만 이번 세기 중반까지 탄소중립을 이루고자 하는 국제적인 노력의 관점에서 보았을 때는 지나가는 에피소드 정도가 될 것이라고 확신합니다.

Q. 채식, 육식 같은 생활양식이 수요 측면 분석도 눈에 띕니다.

A. 이번 연구에서 또 하나 중요하게 확인한 것은 지금 생활수준을 유지하면서 수요 측면 에너지 소비는 40~70% 줄일 수 있습니다. 현재의 저희 생활방식은 에너지 낭비형인 셈입니다. 앞으로 에너지의 효율을 높일 수 있는 기술이 상당히 많이 개발되고 있고, 더 많이 채택될 것입니다. 탄소 배출량을 소득계층별로 비교한 분석자료도 제시됩니다. 과학적 의미에서 본다면 소비 한 단위당 발생하는 이산화탄소 양을 최소화할 수 있도록 하는 것이 정책의 과제입니다.

김효은
외교부 기후변화대사

한국의 탄소중립,
국가 안보의 필수적 사안

글로벌 탄소중립 목표는 이미 거대한 무역장벽으로 변모했다. 탄
소중립에 참여하지 않는 국가와 기업들에게 막대한 비용을 부과
하는 탄소규제 국제규범이 갈수록 늘어나고 있다. 나아가 탄소중
립을 명분으로 상호협력 관계에 있는 국가들이 모여 각기 세력을
이루는 국제적 블록화 현상도 나타나기 시작했다. 탄소중립이 이
미 환경의 문제를 넘어, 결코 피할 수 없는 경제·안보 핵심 이슈
가 됐다는 의미다. 2021년 11월 영국 글래스고에서 열린 제26차
유엔기후변화협약 당사국총회COP26는 명실공히 탄소중립을 국제
질서의 '새로운 룰'로 인정한 자리였다.

김효은 외교부 기후변화대사는 COP26에서 대한민국을 대표해 탄소중립 선언 협상을 이끈 인물이다. 세계 각국의 이해관계가 첨예하게 오간 격론의 현장에서 직접 글로벌 탄소중립 담론의 흐름을 읽고, 한국이 취해야 할 전략을 누구보다 치열하게 고민했다.

Q. 제26차 유엔기후변화총회COP26**에서 세계 각국은 어떤 합의를 이뤘습니까?**

A. COP26에서 각국 정상들은 이번 세기말까지 지구의 평균온도 상승 폭을 산업화 이전 대비 1.5℃ 이내로 제한한다는 파리협정 목표를 재확인했습니다. IPCC 보고서에 의하면, 1.5℃ 제한 목표를 달성하기 위해서는 2030년까지 범세계적으로 45%의 온실가스 감축이 이루어져야 하고 2050년까지는 탄소 중립이 달성돼야 합니다. 2050년 탄소중립 선언과 2030년 수준 높은 NDC가 1.5℃ 목표 달성을 위한 핵심 수단입니다.

Q. 석탄발전의 중단 대신 단계적 감축으로 합의문이 나오면서 COP26의 성과에 대한 논란도 불거졌는데요.

A. 글래스고 합의에 석탄발전의 '단계적 퇴출' 대신 '단계적 감축'이 들어가면서 성과에 대한 논란이 있었던 것은 사실입니다. 그러나 글래스고 기후정상회의는 압도적 다수 국가의 탄소중립 선언을 이끄는 데 성공했다는 의미가 있습니다. 특히 사우디아라비아와 중국, 인도까지 탄소중립 목표를 선언하도록

설득한 것은 큰 진전입니다. 글래스고 회의를 계기로 글로벌 GDP의 90%, 글로벌 온실가스 배출의 90%가 탄소중립 약속의 영향권에 놓이게 됐습니다. 또 G7과 한국을 비롯한 주요국들이 2030년까지 40~50%대의 온실가스 감축을 약속했습니다. 약 160개국이 온실가스 감축목표, 즉 NDC를 제출했고 앞으로 5년 주기로 업데이트해서 제출하기로 합의했습니다.

Q. 개발도상국 단계에 있는 중국과 인도, 그리고 산유국인 사우디아라비아는 탄소중립 선언이 자국에게 불리하게 작용할 수 있습니다. 그럼에도 참여하게 된 이유는 무엇이라고 보십니까?

A. 우선 기후변화 문제는 전 지구적인 과제입니다. 모든 국가가 예외 없이 온실가스 감축노력에 동참해야 한다는 점에는 이견이 없습니다. 유엔 기후변화협약과 파리협정은 '공동의 그러나 차별화된 책임' 그리고 '각국의 능력과 상황을 고려한 대응' 원칙에 따라 모든 국가에게 온실가스 감축을 요구하고 있습니다. IPCC는 금세기 중반까지 탄소중립을 달성하지 못하면 인류에게 심각한 폐해가 올 수 있음을 과학적 근거를 기반으로 예고하였습니다. 따라서 탄소중립 문제는 언제까지 탄소중립을 이룩할 것이냐 하는 시기의 문제이지 해도 그만 안 해도 그만인 사안이 아닙니다. 그래서 중국, 인도, 러시아, 심지어 산유국들까지도 탄소중립선언에 동참한 것입니다. 실질적으로는 탄소중립에 참여하지 않음으로 인해 입게 될 정치적, 경제

적 타격을 고려했다고 생각합니다. 정치적 측면에서는 탄소중립 노력에 동참하지 않을 경우 더 이상 국제사회의 책임 있는 일원으로 활동하기가 어려워집니다. 특히 미국이 최근 발표한 인도-태평양 경제 프레임워크나 올해 G7 의장국 독일이 최우선적으로 추진하고자 하는 '기후클럽'은 기후변화 대응을 핵심요소로 내세워 새로운 국제질서를 만들고자 하는 시도입니다. 미국과 유럽을 한 축으로 하고, 중국과 러시아가 반대 축에 서는 신新 냉전이 본격화하고 있습니다. 미국과 유럽은 탈탄소에 기반을 둔 국제질서를 더욱 강화해 나갈 것입니다. 경제적 측면에서는 앞으로는 탄소중립에 참여하는 국가들끼리 거래를 강화하는 '신 탈탄소 관세동맹'을 염두에 둬야 합니다. 탄소중립에 참여하지 않는 국가나 기업과는 거래를 하지 않고 투자도 하지 않겠다는 움직임이 이미 현실화하고 있는 상황입니다. '신 냉전'과 '신 탈탄소 관세동맹', 정치와 경제 두 축에서 거대한 전환이 시작되고 있습니다. 이렇게 형성될 새로운 국제질서는 개별 국가가 빠지고 싶다고 해서 빠질 수 있는 것이 아닙니다. 되돌릴 수도 없습니다.

Q. 2021년 부터 국제 에너지 가격이 가파르게 오른 상황에서 러시아의 우크라이나 침공 사태까지 발발했습니다. 이런 상황에서도 탄소중립을 향한 국제적인 공조가 계속될 수 있을까요?

A. '그린인플레이션' 혹은 '카본쇼크'가 올 수도 있다는 말이 있습

니다. 단기적으로 에너지 가격이 오르면 세계 각국은 우선 화석연료부터 확보하려고 합니다. 이는 부인할 수 없는 사실입니다. 하지만 특히 우리나라와 같이 에너지 대부분을 해외에 의존하는 나라는 이제 중장기적인 에너지 안보도 고려해야 한다고 생각합니다. 탄소를 절감하는 기술은 곧 화석연료의 이용을 줄이는 기술입니다. 덴마크는 1980년대 오일쇼크 이후 화석연료 의존도를 낮추기 위해 해상풍력과 같은 기술개발에 적극적으로 나섰습니다. 지금 덴마크는 화석연료에 대한 의존도를 획기적으로 낮췄을 뿐 아니라 이 기술의 세계적인 리더가 돼 있습니다. 화석연료를 낮춘 데 이어 기술로 새로운 부를 창출하고 있다는 의미입니다. 당장에 필요한 에너지를 확보해야 하는 것은 자명하지만 에너지 가격이 오르고 있는 현재 상황은 한국이 기후기술 개발에 더욱 적극적으로 나서야 할 이유를 제시하고 있다고 봅니다.

Q. 탄소중립을 향한 레이스에서 우리가 관심을 가져야 할 부분은 어떤 것이 있을까요?

A. 개도국을 포용하는 국제 기후 리더십을 발휘해야 합니다. 탄소중립은 특히 화석연료에 기반을 두고 노동집약적인 제조업 중심의 경제구조를 가진 아시아 국가들, 즉 중위소득 개도국이면서 동시에 빈곤 퇴치도 과제인 국가들에게는 큰 도전입니다. 이들이 누구를 모델로 삼아 탄소중립 정책을 추진할 수 있

을까요? 누구와 파트너가 되어 기후변화 대응이라는 거친 여정을 헤쳐 나갈 수 있을까요? 저는 가장 적절한 국가가 한국이라고 생각합니다. 특히 한국은 세계적인 수준의 디지털 기술과 혁신적인 사업 모델들을 보유하고 있습니다. 한국의 기술과 사업 모델들이 이제 첫발을 떼기 시작하는 개도국의 탄소중립 인프라 구축에 초기부터 진출함으로써 새로이 열리는 시장을 선점하는 것이 중요하다고 생각합니다.

2부

○

저탄소경제를 위한
C테크 경쟁전

C테크를 향한
거대 자본의 흐름

C테크 투자하는 글로벌 빅테크 기업들의 행보

"앞으로 1,000개의 유니콘 기업은 검색 엔진이나 소셜 미디어 회사가 아니라 세계의 탈탄소화를 돕는 신생 기업에서 나올 겁니다"

세계 최대 자산운용사 블랙록BlackRock의 래리 핑크 대표가 2022년 초 기업들에게 보낸 연례 서한의 일부다. 래리 핑크 대표는 사우디아라비아에서 열린 중동 녹색 이니셔티브 정상회담에서도 "그린수소나 그린농업처럼 녹색 기업에서 유니콘(시장가치 10억 달러가 넘는 스타트업) 1,000개가 나올 것"이라고 강조했다. 우리 앞에 놓인 새로운 기후변화 대응 기술 투자 환경을 한 마디로 집

탄소중립 비용

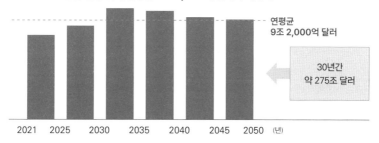

» 2050 탄소중립 달성 위해 연평균 9조 2,000억 달러 투자해야

2021 2025 2030 2035 2040 2045 2050 (년)

연평균
9조 2,000억 달러

30년간
약 275조 달러

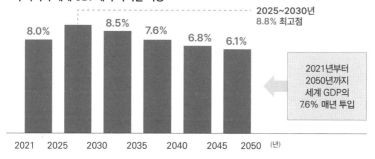

» 투자액이 세계 GDP에서 차지할 비중

8.0%   8.5%   7.6%   6.8%   6.1%

2025~2030년
8.8% 최고점

2021년부터
2050년까지
세계 GDP의
7.6% 매년 투입

2021 2025 2030 2035 2040 2045 2050 (년)

자료: 맥킨지&컴퍼니 〈세계 탄소중립 이행 보고서〉

약한 말이다.

〈제31차 비전코리아 국민보고대회 보고서〉를 공동 작성한 맥킨지&컴퍼니가 2022년 초 공개한 MGI의 〈세계 탄소중립 이행 보고서〉는 "넷제로 달성을 위해 2050년까지 세계적으로 매년 약 9조 2,000억 달러(1경 1,111조 원)가 투입될 것"이라고 분석했다. 올해부터 2050년까지 탄소중립을 위한 에너지 전환·인프라에 들어가는 비용은 세계적으로 총 275조 원에 달할 것으로 관측했다.

맥킨지&컴퍼니는 당장 세계 118개국의 NDC의 달성 시점인 2030년까지 9조 달러 이상의 C테크 시장이 열릴 것으로 예상했다. 시장이 본격적으로 형성되는 이 시기에 선도 기술을 보유한 국가·기업에 막대한 사업 기회가 돌아갈 것으로 봤다. 특히 교통 2조 3,000억~2조 7,000억 달러, 빌딩 1조 3,000억~1조 8,000억 달러, 에너지 1조~1조 5,000억 달러 등 천문학적 규모의 시장이 창출될 것으로 전망했다.

이와 같은 배경을 감안하면 C테크 투자는 앞으로 더욱 확대될 수밖에 없다는 분석이다. 탄소중립의 핵심은 결국 기술에 있기 때문이다. 탄소 배출을 효과적으로 줄이고, 다가올 기후변화에 인류가 적응하게 해줄 기후기술 확보가 초미의 관심사로 떠올랐다.

글로벌 C테크 레이스는 이미 시작됐다. 선진국과 글로벌 큰손들은 공격적인 투자로 이미 치열한 기술개발 경쟁에 돌입했다. C테크 산업의 성장 가능성을 본 전례 없는 양의 자본이 기후 관련 이니셔티브를 향해 흘러 들어오기 시작했다. 한때 인공지능AI 빅데이터 투자에 모든 역량을 쏟아부었던 아마존, 마이크로소프트 등 글로벌 빅테크 기업들은 C테크 스타트업에 수십억 달러를 직접 투자하기 시작했다. 자사의 온실가스 배출을 감축하는 것은 물론 시장 선점이 가능한 유망한 C테크를 확보하려는 차원이다. 이들은 발전, 제조, 운송, 기반시설, 농업을 비롯한 인간의 삶 전반이 친환경을 중심으로 재편될 것이라고 보고 있다. 그 중심에는 탄소중립 달성을 위한 C테크가 있다.

아마존은 2020년 6월 초기자금만 20억 달러를 투입해 탄소중립 전환 벤처 투자프로그램인 기후 서약 펀드Climate Pledge Fund를 만들었다. 기후 서약의 핵심은 파리협정 목표인 2050년보다 10년 먼저 2040년까지 기업이 사업 전반에 걸친 탄소중립을 달성하겠다는 것이다. 현재 전 세계적으로 200개가 넘는 기업들이 서약에 동참하면서 아마존은 명실공히 기후대응 선도자로서의 입지를 다졌다.

기후 서약 펀드는 2040년까지 탄소중립 실현을 포함해 기후 서약의 목표 달성을 지원사격한다. 아마존 설립자인 제프 베이조스Jeff Bezos는 "기후 서약 펀드는 기업이 탄소 영향을 줄이고 보다 지속 가능하게 운영할 수 있도록 제품과 서비스를 구축하는 선구적인 기업가와 혁신가에게 투자할 것"이라며 "스타트업부터 세계 모든 기업이 고려대상이며, 각 예상 투자는 탄소중립으로 가는 길을 가속화하고 미래 세대를 위해 지구를 보호하는 데 도움이 될 수 있는 가능성에 따라 평가할 것"이라고 밝힌 바 있다. 운송·물류, 에너지 생성, 탄소 저장 및 활용, 순환경제, 식품·농업 등 사실상 산업 전반이 모두 투자 대상이다.

2021년 7월 리튬이온 배터리 중심의 첨단 전자·소프트웨어 플랫폼 기업인 ION에너지의 360만 달러 규모의 프리시리즈APre-Series A 펀딩에 참여하면서 첫 투자를 시작했다. 이후 10여 곳의 기업에 투자를 진행했는데 전기모터 스타트업 '턴타이드Turntide', 콘크리트 제조 공정에 포집 이산화탄소를 주입하는 '카본큐어Carbon

_{Cure}' 등이 대표적이다. 2021년 10월에는 전기차 충전 기술 개발 스타트업 '리질리언트파워_{Resilient Power}'와 친환경 포장 스타트업 'CMC기계', 대체연료 개발 기업 '인피니엄_{INFINIUM}' 등 3곳에 각각 수백만 달러 규모의 투자를 결정하는 등 활발한 행보를 이어가고 있다.

2020년 1월 마이크로소프트_{MS}는 오는 2030년까지 탄소중립을 넘어 탄소 네거티브_{Carbon-negative}를 달성하겠다는 '문샷_{Moonshot}' 계획을 발표했다. 2050년에는 1975년 MS 창립 이래 지구상에 배출한 모든 탄소를 환경에서 제거하겠다는 야심 찬 목표를 내놨다. 이와 함께 기후변화 대응 기술 개발을 위해 10억 달러 규모의 기후 혁신 펀드_{Climate Innovation Fund} 조성을 발표했다.

이에 앞서 빌 게이츠_{Bill Gates} MS 창업자는 2015년 브레이크스루 에너지 연합_{Breakthrough Energy Coalition}을 세우고, 산하에 브레이크스루 에너지 벤처스_{Breakthrough Energy Ventures, BEV}를 창설해 20억 달러 규모의 탄소중립 투자 펀드를 조성한 바 있다. 마이클 블룸버그_{Michael Rubens Bloomberg} 전 뉴욕시장, 제프 베이조스 아마존 창업자, 손정의 소프트뱅크 회장 등이 참여했다. BEV는 올해 들어 프리루드 벤처스_{Prelude Ventures}, 로워카본 캐피털_{Lowercarbon Capital}과 함께 미국의 탄소 포집 기술 스타트업 '버독스_{Verdox}'에 8,000만 달러를 투자하기로 하면서 또 한 번 주목을 받았다. 이들은 이전에도 카본 큐어 등 다른 탄소 포집 스타트업에도 투자한 바 있다.

그룹 산하 15억 달러 규모 민관합작 펀드인 '브레이크스루 에너지 캐피탈리스트BEC'는 궁극적으로 지금 모인 자본의 10배인 150억 달러를 미국·유럽연합의 청정기술 프로젝트에 투자하겠다는 야심찬 계획을 드러냈다. MS를 비롯해 블랙록, 제너럴모터스GM, 아메리칸항공, 보스턴컨설팅그룹, 뱅크오브아메리카, 아르셀로미탈ArcelorMittal 등의 기업에서 투자를 유치한 상태다. 앞으로 공기 중 이산화탄소를 직접 포집하는 기술, 재생에너지에서 나온 전기를 통해 생산하는 그린수소, 지속 가능한 항공유, 에너지 저장 기술 이렇게 4가지 분야에 중점 투자할 방침이다.

각국 정부도 C테크에 막대한 자본을 투입하고 있다. 블룸버그NEF에 따르면 2021년 미국과 중국은 각각 1,140억 달러, 2,260억 달러에 달하는 자금을 C테크에 쏟아부었다. 독일은 470억 달러, 영국은 310억 달러, 프랑스는 270억 달러를 투자했으며, 일본은 260억 달러를 쏟아 부었다.

셸Shell, 비피BP, 엑슨모빌Exxon Mobil 등 탄소 경제를 상징하며 '석유공룡'이라 불리던 글로벌 메이저 석유회사IOC들의 행보도 C테크 시대의 개막을 역설적으로 증명한다. 이들은 재생에너지 확대에 가장 적극적인 기업으로 변신했다. 석유·가스전을 개발하는 대신 기후변화 대응 기술 개발에 연간 수조 원을 투자하기로 했다. 경제 패러다임의 근본적인 변화를 받아들이고 미래에 투자하고 있는 것이다.

탄소중립 시대를 앞두고 국내 석유화학·정유 업체들이 일제히 탄소 포집·활용·저장 기술CCUS 시장에 뛰어든 것도 같은 맥락이다. 업종 특성상 대량의 탄소 배출이 불가피한 업체들이다. 하지만 이를 역으로 이용해 다양한 실증사업을 실시하는 한편, 해외 폐가스전까지 들여다보는 등 발 빠른 움직임을 보이기 시작했다.

롯데케미칼은 2023년 하반기 상업 생산을 목표로 대산공장에서 연 20만t 규모의 탄소 포집·액화 설비 설계에 본격 돌입했다. 9개월에 걸쳐 탄소 포집·활용ccu 파일럿 설비 실증사업을 마치고 본격적인 상업화 단계에 들어가는 것이다. 대산공장 내 나프타 분해(NC) 공장의 배출가스를 전처리해 탄소를 분리한 뒤 이를 2차 전지 전해액 유기용매 소재 원료로 투입하거나 외부에 드라이 아이스, 반도체 세정액 원료로 판매한다는 게 롯데케미칼의 구상이다. 탄소 포집ccs 활용 분야에 600억 원을 투입하고, 이 시설과 연계한 2차 전지 소재 연관 사업에도 총 3,000억 원을 투자해 K-배터리 소재 국산화에 기여하기로 했다.

SK이노베이션은 울산콤플렉스에서 수소 정제 과정에서 발생하는 탄소를 회수해 고순도 가스로 정제해서 판매하는 사업을 확대하고 있다. 울산 인근 공장에 반도체 에칭, 용접, 식물재배 용도 등으로 공급하고 있으며 한국석유공사와 손잡고 동해 가스전을 활용한 CCS 실증사업도 함께 추진하고 있다.

국내 주요 업체들이 주목하고 있는 CCUS는 탄소중립 달성을 위한 가장 효과적인 정책 수단 중 하나로 꼽힌다. 미국, 영국, 독일, 일본 등 주요국은 CCUS 기술을 저탄소 발전의 핵심 전략으로 관리하고 있다. 한국 역시 2000년대부터 흡수법, 흡착법, 분리막법 등 탄소 포집에 대한 연구개발이 활발하게 이뤄졌다. 국제 시장 조사기관 인더스트리아크industryarc에 따르면 2026년 세계 CCUS 시장 규모는 253억 달러(약 30조 8,500억 원)에 이를 전망이다. IEA 는 〈2070 글로벌 탄소중립 시나리오〉를 통해 CCUS의 기술 기여 도를 전체 탄소 감축량의 15% 수준으로 제시하며 "CCUS 기술 없이 넷제로에 도달하는 것은 불가능하다"고 전망한 바 있다.

CCUS는 포집한 탄소를 폐유전이나 가스전 등에 반영구적으로 매립하는 CCS, 화학적으로 처리해 다른 용도로 활용한 CCU로 나뉜다. CCU 사업의 낮은 수익성과 기술적 한계로 인해 단기적으로는 CCS 사업이 각광받고 있지만 탄소를 새로운 먹거리로 바꿀 수 있는 CCU 사업 또한 중장기적 차원에서 추진되고 있다. 연간 수백억 원에 달하는 탄소배출권 구매 비용을 줄이고 신 사업 기회까지 찾기 위해서다.

SK E&S는 최근 세계적인 에너지 기업들과 손잡고 동티모르 해상에 위치한 바유운단 천연가스전을 탄소 저장고로 바꾸는 프로젝트에 돌입했다. 최근 탄소 저장 전문 기업으로의 도약을 예고한 SK어스온 또한 동·서해에서 지중 저장소 발굴에 착수하고 호주·말레이시아·중국 등에서 해외 프로젝트에 참여하기로 했다. 금호석유화학은 CCUS 사업에 투자하고, 수요처 확보를 전제로 에너지발전 사업에 CCUS를 도입하는 방안을 검토하고 있다. LG 화학은 탄소를 고기능성 생분해 플라스틱 등 고부가가치 화합물로 바꾸는 공동 연구를 진행하고 있다.

투자 가치가 높은 C테크 산업의 미래

글로벌 투자의 흐름은 이미 C테크로 향하기 시작했다. 글로벌 회계네트워크 PwC는 〈PwC 기후기술 2020 보고서〉를 통해 이같은 흐름을 분명하게 짚었다. 보고서에 따르면 C테크 초기단계에 있는 벤처기업에 유입된 투자금이 무서운 속도로 늘어나고 있다고 본다. 2013년 전 세계적으로 4억 2,000만 달러 수준에 불과했던 기후기술 벤처 투자금은 7년 만인 2019년 161억 달러로 38배가량 뛰었다.

한때 막대한 투자 붐이 일었던 인공지능_{AI} 분야보다 3배 높은 증가율이다. 2013년 AI 스타트업에 유입된 벤처자금은 약 30억 달러였지만, 2018년에는 320억 달러로 10배 증가했다. 투자규모가 커지면서 AI 기술은 더욱 적용시장을 확대하게 됐고, 이에 따라 벤처캐피탈, 정부, 기업 모두가 AI 벤처캐피탈 딜_{deal}에 참여하게 됐다. 대기업이 AI에 대한 초기투자를 집행했다는 것은 대기업자신이 AI를 적용함으로써 혁신의 혜택을 받을 것이고, 가치 창출을 통해 시장우위를 점할 수 있을 것이라는 기대가 반영된 결과다. C테크 역시 AI와 유사한 궤적을 따를 것이라 예상된다.

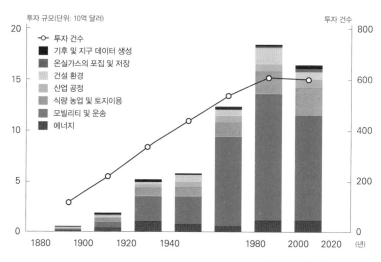

기후기술에 대한 VC 투자 및 투자 건수

투자 규모(단위: 10억 달러)   투자 건수

범례:
- ─○─ 투자 건수
- 기후 및 지구 데이터 생성
- 온실가스의 포집 및 저장
- 건설 환경
- 산업 공정
- 식량 농업 및 토지이용
- 모빌리티 및 운송
- 에너지

자료: PwC 기후기술 2020 보고서

폭발적인 성장세는 여전하다. 〈PwC 기후기술 2021 보고서〉에 따르면 2020년 하반기에서 2021년 상반기까지 1년 동안 기후기술 벤처기업에 대한 세계 투자액은 875억 달러에 달했다. 직전 1년(2019년 하반기~2020년 상반기) 동안의 투자액 284억 달러와 비교해 3배 이상으로 늘어났다. 특히 2021년 상반기에만 600억 달러 이상의 기후기술 벤처 투자가 이뤄졌다. 기후기술 평균 거래 규모는 전년 2,700만 달러와 비교해 2021년 상반기 9,600만 달러로 약 4배 증가했다.

이에 따라 C테크를 기반으로 한 신생 스타트업들도 3,000개 이상으로 급증했다. AI, 머신러닝, 클라우드, 자율주행, 로봇 등의

미국 주요 기후 기술 부문 VC 투자 동향

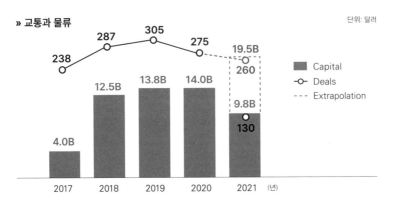

» 교통과 물류

단위: 달러

- Capital
- Deals
- Extrapolation

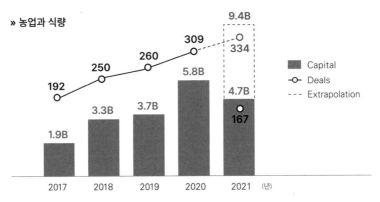

» 농업과 식량

- Capital
- Deals
- Extrapolation

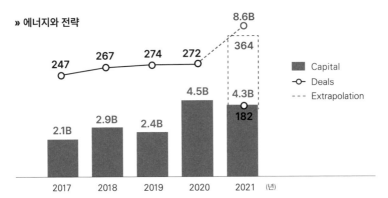

» 에너지와 전략

- Capital
- Deals
- Extrapolation

자료: PwC 기후기술 2020 보고서

신기술을 기후 관련 분야에 적용해 탄소중립 과제를 해결하려는 곳이 대부분이다.

2021년 실리콘밸리뱅크Silicon Valley Bank에서 발표한 〈The Future of Climate Tech 보고서〉를 살펴보면 2020년 기준 미국에서 기후 기술과 관련한 투자의 대부분이 교통과 물류, 농업과 식량, 에너지와 전력 등 3가지 분야에 집중되고 있다는 사실을 알 수 있다. 전체 투자액의 약 4분의 1은 인공지능, 라이다LiDAR 등과 같은 기반 기술 분야로 가고 있다.

이중 교통·물류 부문은 테슬라의 성공이 전기차 업체에 대한 대대적인 자금 투자로 이어지는 경향이 확인됐다. 2020년 투자금액은 140억 달러로 전기차 분야는 65억 달러, 자율주행 분야는 38억 달러, 플릿Fleet 운영 및 물류 분야는 19억 달러를 투자받았다. 2021년에는 상반기에만 98억 달러의 투자액을 기록했고, 2022년 전체로는 약 195억 달러를 기록할 것으로 예상됐다.

농업·식량 부문의 2020년 투자금액은 58억 달러로 대체 단백질 분야가 23억 달러를 차지하며 가장 높은 주목을 받았다. 제2의 비욘드 미트Beyond Meat나 임파서블 푸드Impossible Food와 같은 기업이 탄생할 수 있을지 관심이 쏠린다. 정밀농업 분야는 13억 달러, 실내 농업 분야는 3억 6,900만 달러를 차지했다. 2021년에는 상반기에만 47억 달러의 투자금액을 기록했고, 연말까지 약 94억 달러를 기록할 것으로 예상됐다.

에너지·전력 부문에서는 에너지 저장 솔루션에 투자가 집중

됐다. 2020년 기준 투자액 45억 달러 가운데 19억 달러가 에너지 저장 솔루션으로 향했다. 에너지 효율 분야에는 9억 7,000만 달러, 스마트 그리드 분야에는 4억 9,800만 달러가 투자됐다. 2021년 상반기 실적은 43억 달러로, 연간 기준 약 86억 달러 투자가 유력했다.

국내에서도 C테크 투자에 특화한 최초의 민간 VC 펀드가 스타트업 투자에 시동을 걸었다. 임팩트 벤처캐피탈 인비저닝파트너스Envisioning Partners는 '클라이밋 솔루션 펀드'를 2021년 12월 말 기준 768억 원으로 증액해 최종 결성한 뒤 관련 투자에 집중하고 있다. 이후 현재까지 관련 영역에서 C테크 스타트업 5곳에 신규 투자했다. 전체 투자에서 기후 솔루션 스타트업이 차지하는 비중도 50% 수준으로 늘었다.

인비저닝파트너스는 방대한 기후 솔루션 분야 중에서도 청정에너지, 에너지 효율화, 지속 가능한 농식품 산업, 산업 및 순환경제, 탄소 포집 및 자원화 부문에서 전문성을 높이고 있다. 최근에는 순환경제를 촉진하는 솔루션을 중심으로 투자를 진행 중이다.

국내에서는 디지털 기반 폐자원 관리 기업 '리코', 고성능 콜드체인 솔루션 기업 '에스랩아시아'에 투자했다. 해외선 미국 섬유 폐기물 재활용 기술 기업 '서크', 싱가포르 폐배터리 재활용 기술 기업 '그린라이언' 등을 초기 단계부터 발굴해 기술 상용화에 힘을 실었다. 모두 각 분야 재활용 수준을 끌어올려 자원 낭비를

인비저닝파트너스 주요 기후기술 투자 사례

국가	대상 업체	사업 내용
한국	리코	디지털 기반 식품 폐기물 처리 서비스 '업박스'
	에스랩아시아	고성능 콜드체인 다회용기 '그리니 박스'
	에이치투	ESS 차세대 기술 바나듐레독스흐름전지 상용화
미국	노보루프	폐플라스틱 고부가가치 소재로 재활용
	미션반스	세포배양 기반으로 동물성 지방 생산
	서크	섬유 폐기물을 온전히 분리, 새로운 섬유로 재생산
	디멘셔널에너지	이산화탄소 포집해 합성가스, 항공유 생산
싱가포르	그린라이언	폐배터리 고부가가치 소재로 재생

줄이고, 기술 과정에서 에너지 효율을 높여 궁극적인 온실가스 절감을 지향하는 기업들이다.

미국 기업 서크는 섬유 폐기물을 새로운 섬유로 재생하는 독자 기술을 보유한 스타트업이다. 가장 흔한 폴리에스테르·면 혼방 섬유를 각각의 온전한 원료로 분리하는 차별화된 솔루션을 제공한다. 기존에는 혼방 섬유를 재활용하더라도 한 가지 소재만 선택해 재활용할 수 있었다. 섬유 폐기물은 대부분 염료 제거가 어렵고 소재 혼용이 많아 고품질 원료로 분리하는 과정이 매우 까다롭기 때문이다. 하지만 서크의 기술을 활용하면 훨씬 넓은 범위의 순환자원 효과를 기대할 수 있다.

싱가포르 기업 그린라이온은 폐배터리를 고부가가치 소재로 재생한다. 세계에서 가장 널리 사용되는 리튬이온 배터리 중 95%가 재활용되지 못하고 폐기되는 것으로 알려졌다. 전기차 보급이 확산되면 배터리 재생의 필요성이 더욱 커질 전망이다. 그린라이온은 기존 재활용 기술 대비 에너지 소비량을 대폭 절감한 솔루션을 개발했다. 폐배터리에서 2차 전지의 양극 활물질로 바로 재사용 가능한 물질을 만들어낸다. 원물질보다 고부가가치인 양극재 소재를 바로 만들어내기 때문에 경제성과 환경 영향 측면 모두 더 개선된 기술로 평가받는다.

기존에 투자한 순환자원 솔루션 중 사업 확장을 본격화하고 있는 사례도 있다. 노보루프Novoloop는 폐플라스틱을 열가소성폴리우레탄TPU 같은 고부가가치 소재로 재활용하는 차별화 기술을 선보인 기업이다. 기존에는 플라스틱 폐기물이 제대로 재활용되지 못하고 결국 매립이나 소각으로 처리되는 문제가 지속됐다. 재활용되더라도 낮은 물성과 품질로 제약이 있었다. 노보루프 기업은 플라스틱 쓰레기를 원료로 기존의 고밀도 석유화학 제품과 동일한 기능성을 갖춘 소재를 생산하는 데 성공했다. 현재 글로벌 스포츠 브랜드와 다양한 협업을 진행하며 양산 단계로 성장하고 있다.

제현주 인비저닝파트너스 대표는 "기후기술은 딥테크 비중이 높기 때문에 시장에 적용되기까지 더 많은 시간이 필요하고, 도입되면 범용 기술로서 사회에 미치는 영향력이 매우 큰 만큼 종합적인 지원이 필요하다"며 "기술 상용화와 사업 성장을 단계별로 뒷

받침할 수 있도록 자본의 범위를 확대하고, 업계 투자자와 전문가들의 협력 수준을 높일 수 있는 방안을 적극적으로 모색할 것"이라고 강조했다.

레오 존슨
PwC 혁신 리더

〈PwC 기후기술 보고서〉로 살펴본
C테크 시장의 가능성

레오 존슨 PwC 혁신 리더는 기술, 인구 변화, 기후기술, 도시화 등의
트렌드와 변혁을 다루는 전문가다. 그는 《Turnaround Challenge:
Business and the City of the Future》의 공동 저자이자 BBC 월
드뉴스 프로그램인 〈원 스퀘어 마일〉을 진행하기도 했다. PwC는
2020년부터 글로벌 기후기술 투자 현황에 대한 광범위한 보고서
를 발간하고 있고 C테크 스타트업들을 벤처캐피탈과 연결하거나
다양한 재무 자문도 맡고 있다.

Q. PwC는 전 세계 기후기술에 관한 포괄적인 보고서를 발간해왔는데, 이 분야에서 성공한 국가나 기업들의 공통점이 있었나요? 정책은 기후기술의 성공을 위해 어떤 역할을 하나요?

A. 눈에 띈 부분은 기술들이 매우 다양했다는 점입니다. 모든 분야와 지역에서 탄소중립을 실현하기 위한 혁신적 솔루션에 대한 관심과 투자가 증가하고 있습니다. 이는 우리가 직면하고 있는 과제의 긴급성과 범지구적인 특성을 반영하고 있습니다. 현재 기후기술은 초기 단계라고 할 수 있는데요, 비즈니스 모델이 작동한다는 것을 증명한 한두 명의 선구자에 대한 투자가 크게 증가하고 있습니다. 예를 들어 전기 자동차는 모든 지역에서 가장 많은 투자를 받았습니다. 세계적으로 유니콘에 등극한 수많은 전기차ev 스타트업들이 쏟아졌죠. 지속 가능한 단백질을 개발하는 스타트업들도 근소한 차이로 투자를 많이 받고 있습니다. '임파서블 푸드'와 '비욘드 미트' 기업의 성공 스토리는 이 분야에서 소비자들의 실제 수요가 있다는 것을 증명했죠. 정책은 기후 기술이 지속적으로 성장하는 데 절대적입니다. 사회가 이번 세기 중반까지 탄소중립을 도달하도록 하는 데 매우 중요합니다. 투자자와 기업가를 대상으로 한 강연에서 정책과 관련된 몇 가지 하이라이트가 나왔습니다.

첫째는 탄소 가격 결정입니다. 전 세계에 공통적으로 적용되는 탄소 가격제가 부재한 탓에 오염 산업에 대한 보조금이 여전히 지급되고 있습니다. 세계경제포럼World Economic Forum과 함께한 PwC 분석에 따르면 글로벌 탄소가격제는 탄소배출을 12% 줄일 수 있습니다. 다양한 CCS 스타트업의 경제성도 급격히 증가시킬 수 있습니다.

둘째는 혁신을 돕는 규제입니다. 스마트 전력망을 구축하는 기후기술 솔루션을 예로 들어 봅시다. 공공재 시장은 당연히 엄격한 규제가 적용되는 시장이지만 이는 거꾸로 생각하면 신생기업이 사업을 확장하는 데 큰 어려움으로 작용한다는 의미입니다. 많은 나라에서 검토되고 있는 핀테크 규제 샌드박스 모델 등 혁신을 촉진하는 규제의 성공 사례를 받아들여 주요 기후기술 분야에도 적용해봄직 합니다.

셋째는 지리적 특성입니다. 기후기술의 글로벌 리더로 부상한 나라는 아직 없지만 세계 각국은 저마다의 비교우위를 이용해 특정 기술 분야의 성장을 추진하고 있습니다. 예컨대 중국은 배터리 기술 공급망을 강화해 지난 몇 년 동안 많은 EV 유니콘을 탄생시켰습니다.

Q. 향후 10년 뒤 C테크 시장이 얼마나 커질 것으로 예상하시나요?

A. 굴지의 투자자들은 기후기술이 거대한 시장이 될 것이라는 데 동의하고 있습니다. 세계 최대 자산 관리 회사 블랙록의 대표 래리 핑크는 약 1,000개의 유니콘이 기후기술 스타트업들이 될 것이라고 말했습니다. 비노드 코슬라Vinod Khosla나 빌 게이츠와 같은 이들도 이 분야에 많은 투자를 하고 있습니다. IEA의

시나리오에 따르면 2050년까지 탄소 순배출 제로에 도달하기 위해서는 2030년까지 전 세계 연간 청정에너지 투자가 3배 이상 증가해 약 4조 달러에 이를 것이라고 합니다. 투자는 경제의 모든 부문에 추가적으로 이뤄질 것으로 예상됩니다. 벤처캐피탈vc은 여기서 중요한 역할을 하고 있습니다. 2021년 상반기에는 세계적으로 600억 달러의 VC 자금이 조달돼 1년 전보다 210% 증가했습니다. 이러한 성장을 우리는 계속 이어나가야 합니다.

Q. 〈PwC 기후기술 보고서 2021〉에서 기후기술을 분야와 지역별로 분석해 주셨는데, 가장 빠른 속도로 성장할 것으로 예상되는 분야나 지역이 있나요?

A. 미래의 승자가 될 분야를 딱 집어 골라내기는 어렵지만 우리 사회에서 기술과 혁신을 조합해 탄소 배출을 감축할 수 있는 곳이라면 어디서든 가치가 창출될 것이라고 생각합니다. 예를 들어 신재생에너지의 효율을 개선하는 새로운 배터리 기술이나 탄소 감축이 어려운 콘크리트 · 철 · 강철의 대체품은 흥미로운 분야입니다.

Q. 같은 보고서를 보면, 2020년 하반기~2021년 상반기 동안 100만 규모 이상 기후기술 투자가 성장하지 않은 것으로 나타나는데 이유가 무엇이라고 생각하시는지요?

A. 국제에너지기구는 2050년에는 배출량 감소의 거의 절반이 오늘날 시연 단계 또는 시제품 단계에 있는 기술에서 나올 것이라고 예측하고 있습니다. 이 비율은 중공업이나 장거리 수송과 같은 분야에서 훨씬 더 높아집니다. 현재 초기 단계에 있는 스타트업은 5~10년 안에 큰 규모로 커져 탄소중립을 달성하는 데 매우 중요한 역할을 할 것입니다. 지금 비즈니스 사이클이 아니라면 다음 사이클에서겠죠. 일부 기후기술은 기술적 측면이나 정책으로부터 받는 영향 때문에 위험하다고 여겨질 수 있습니다. 정책의 변경에 영향을 많이 받습니다. 이 시기에 스타트업 지원 정책이 크게 흔들리면 대규모 자금을 쏟아붓고도 애매한 규모의 기업만 여럿 키우는 비효율이 발생할 수 있습니다.

Q. 초기 기후기술에 모험자본의 투자를 늘리려면 어떤 것을 해야 할까요?

A. 초기 단계 투자의 리스크를 줄여주기 위해 정부의 지원이 필요합니다. 명확한 정책 시그널을 제공하는 것과 투자자로서 참여하는 것 모두 중요합니다. COP26에서 발표된 〈브레이크스루 아젠다Breakthrough Agenda〉나 최근의 유럽연합EU의 〈카탈리스트 파트너십Catalyst Partnership〉 등이 대표적인 사례로, 우리는 이것에 관한 초기 신호를 이미 보고 있습니다. 이 거대한 사회적 과제를 해결하는 데 도움이 되는 솔루션에 적극적으로

투자해야 합니다. 또 투자자들에게 기회를 제공해야 합니다. PwC는 〈기후기술 보고서〉나 〈Net Zero Future 50〉과 같은 보고서를 통해 이것을 실현하려고 하고 있습니다. 우리는 더 많은 기후 기술 기업가를 양성해야 합니다.

무탄소 전력으로의
에너지 전환

재생에너지는 '마법의 도구'가 아니다

재생에너지의 대표주자인 풍력과 태양광은 2021년 처음으로 전 세계 발전량의 10% 이상을 책임지기 시작했다. 영국의 기후에너지 싱크탱크인 엠버Ember가 발표한 〈국제 전력 리뷰 2022Global Electricity Review 2022〉 보고서에 따르면 2021년 기준 전 세계 태양광 발전량은 23%, 풍력 발전량은 14%가 증가하면서 풍력·태양광 합산 발전비중이 10.3%를 기록했다.

2020년 9.3%에 비해 1%포인트 늘어난 숫자다. 파리협정이 이뤄졌던 2015년 4.6%과 비교하면 두 배 이상으로 뛴 셈이다. 조사 대상인 209개국 가운데 50개국에서 국내 전력의 10% 이상을 풍력·태양광으로 공급하고 있는 것으로 확인됐다. 중국, 일본, 몽

골, 베트남 등이 대표적이다. 재생에너지 선진국이 대거 포진한 유럽국가들은 실적이 더 좋았다. 덴마크의 경우 절반을 넘는 52%의 전력이 풍력·태양광에서 나왔고, 우루과이는 비중이 47%, 룩셈부르크는 43%에 달했다. 스페인(32.9%), 독일(28.8%) 등도 30% 안팎의 비중을 보였다.

이에 반해 한국의 풍력(0.55%)과 태양광(4.12%) 비중은 4.9%에 불과했다. 2015년 1%, 2020년 3.8%에 비하면 상당히 늘어나긴 했지만 세계 평균의 절반에도 못 미친다. 여전히 석탄·석유·가스 등 화석연료를 이용한 화력발전 비중은 64%에 달한다.

그렇다고 무작정 재생에너지의 비중을 올리는 것이 능사일까? 재생에너지가 탄소를 배출하지 않는 무탄소전원에 해당한다는 점에는 별다른 이견이 없지만 재생에너지만으로 탄소중립을 달성할 수 있느냐는 격론이 벌어지는 주제다. 하지만 분명한 것이 있다. 태양광·풍력 발전은 자연 그 자체에서 마음대로 전기를 뽑아낼 수 있는 '마법의 도구'가 아니다. 언제나 떠 있을 태양, 언제나 불어올 바람을 이용해 자연 친화적으로 전기를 생산하겠다는 말은 매력적으로 들리지만, 우리가 처한 현실과는 거리가 있다.

당장 입지 문제가 있다. 재생에너지는 자연환경을 이용해 발전을 하기 때문에 일사량, 풍속, 기후, 국토면적과 위치 등 다양한 입지조건에 영향을 받는다. 입지가 불리할수록 발전 효율은 물론 전력 수급 안정성도 떨어질 수밖에 없다.

국토가 좁고 산지가 많으며, 사실상 섬에 가까운 한국의 특성을 냉철하게 분석해야 한다. 미국 캘리포니아대와 중국 칭화대 등 공동 연구진이 과학저널 《네이처 커뮤니케이션스Nature Communications》에 2021년 10월 게재한 〈전 세계 태양광, 풍력 발전 의존에 관한 지리적 제약〉 논문에 따르면 한국의 태양광·풍력 전력 안정성은 최하위권 수준인 72.2%로 분석됐다. 1980~2018년의 국가별 데이터와 지리·기후 상황을 고려해 전력 안정성을 따진 결과다.

전력 안정성은 연간 전체 시간 대비 정상적으로 전력이 공급되는 시간의 비율을 의미한다. 단순 계산으로 100일 중 약 28일은 전력 공급에 차질이 생길 수 있다는 의미다. 조사 대상국의 평균 전력 안정성은 83%로, 72~91% 사이에 분포했다. 한국 외에는 이탈리아(75.6%), 일본(76.3%), 뉴질랜드(76.65), 스웨덴(77.1%) 등이 하위권에 이름을 올렸다. 반면 러시아(90.9%), 캐나다(89.9%), 호주(89.5%), 이집트(88.2%), 미국(87.7%), 중국(87.5%) 등 국토 면적이 넓은 국가들이 주로 상위권을 차지했다.

재생에너지 특유의 간헐성 문제 때문이다. 12시간 분량의 전력을 비축하는 에너지비축시설Energy Storage System, ESS을 설치하면 한국의 경우 전력 안정성을 86% 수준으로 끌어올릴 수 있는 것으로 분석됐다. 하지만 ESS 구축 비용과 10년가량인 수명이 다시 문제가 된다. 아직 완전히 해결되지 않은 ESS 안전성 확보 문제도 숙제로 남아 있다.

특히나 천문학적인 ESS 구축 비용도 큰 걸림돌로 지적된다.

2021년 대통령 직속 탄소중립위원회 내부 추산한 결과 2050년 재생에너지 발전비중이 61.9%까지 올라갈 경우 연간 19만 7,000 기가와트시(GWh)에 달하는 에너지 저장이 필요할 것으로 예상됐다. 이를 모두 ESS로 충당하고, 1일 평균 에너지 저장시간을 7~8시간으로 가정할 때 ESS를 구축하는 데 들어갈 비용만 약 1,248조 원에 달할 것이란 관측이 나와 논란이 됐다. 탄소중립위원회는 극단적인 수치라는 이유로 〈2050 탄소중립 시나리오〉에서 이 같은 내용을 포함하지 않았다. 하지만 막대한 부대 비용이 따른다는 점은 분명해 보인다.

결국 한국의 국토 여건을 고려하면 태양광·풍력만으로 에너지 부문의 탄소중립을 달성하겠다는 것은 사실상 불가능하다. 특히 우리나라는 3면이 바다로 둘러싸여 있고, 북쪽은 북한 때문에 가로막혀 있다. 유럽과 달리 인근 국가들과 전력망 연결도 안 돼 있다. 유럽은 바람이 약해져 풍력 발전량이 줄어드는 경우 이웃 국가에서 원자력이나 화력 발전으로 생산한 전기를 사올 수 있다. 하지만 우리는 그런 여건도 갖춰지지 않았다. 2050년까지 발전설비의 최대 71%를 태양광·풍력으로 갖추겠다는 탄소중립위원회의 탄소중립 시나리오를 두고 논란이 벌어지는 이유다.

에너지 밀도가 높고 조달이 용이한 화석연료는 대량의 온실가스를 배출한다. 원자력은 탄소배출이 적지만 폐기물 문제에서 자유롭지 않다. 재생에너지는 설비면적과 용량에 비해 낮은 효율과 간헐성 문제가 있다. 가까운 미래 에너지원으로 꼽히는 수소의 경우 제조 과정에서 탄소배출이 없는 그린수소 생산이 어렵고 경제성이 떨어진다는 단점이 있다. 각각의 장단점이 명확한 상황에서 어떤 에너지원이 가장 이상적인지를 딱 부러지게 지목할 수는 없다. 다만 탄소 감축에 얼마나 도움이 되는지, 관련 기술이 어느 수준에 와 있고 우리 여건에 얼마나 적합한지를 기준으로 효율성과 경제성을 따져 적정 비율을 조정할 수 있을 뿐이다.

이제 더 이상 극단적인 에너지 믹스를 일방적으로 밀어붙이는 일은 없어야 한다. 한국이 처한 현실은 외면한 채 원전을 '절대악'으로 치부하는 식의 정책은 지양해야 한다. 과학적인 분석과 이성적인 판단에 근거해 우리가 실질적으로 택할 수 있는 최상의 시나리오를 맞춰가는 작업이 필요한 시점이다.

다시 주목받는 원자력발전

코로나19 팬데믹 회복세와 러시아의 우크라이나 침공이 겹치면서 세계 에너지 시장은 지각변동을 겪고 있다. 공급은 부족한데 수요는 증가하는 미스매치 속에서 국제유가와 천연가스 가격이 무섭게 치솟기 시작했다. 2021년 4월 385.53달러였던 천연가스 가격은 2022년 1월 톤당 1138.14달러로 역대 최고가를 기록했다. 1년 새 3배가량 뛰었다는 얘기다. 산업통상자원부 원자재가격정보 상의 LNG 현물수입가CIF를 기준으로 한 계산이다. 서부텍사스

산원유West Texas Intermediate 104.25달러, 브렌트유 108.73달러 등 원유 가격도 천정부지로 치솟아 배럴당 100달러 선을 돌파했다.

이 같은 화석연료의 원자재가격 상승은 그린플레이션의 결과이기도 하다. 세계적으로 탄소중립 기조가 강해지면서 화석연료의 생산·투자가 줄었는데, 지정학적 위기로 공급망에 위기가 오고 기후변화 여파로 재생에너지 효율성까지 떨어지는 상황이 발생했다. 그래서 오히려 화석연료의 몸값이 뛰는 기현상이 나타나고 있는 것이다.

재생에너지의 확대로 찬밥 신세로 전락했던 원자력 발전이 다시 각광을 받기 시작한 것도 이 같은 배경 때문이다. 재생에너지의 수급 불안 문제를 해소하고 에너지 수출국에 대한 의존도를 낮춘다는 안보 차원의 에너지 정책이 다시금 힘을 받는 분위기다. 기존 대형 원전에 비해 입지 선정이 자유롭고, 안정성과 경제성이 높은 만큼 2011년 동일본 대지진으로 후쿠시마 원전 방사성 물질 누출사고가 일어난 이후 원전 감축 바람이 불었던 것과는 180도 달라진 상황이다.

특히 재생에너지 선진국이 많은 유럽이 원전으로 회귀하고 있다는 점을 주목해야 한다. 유럽연합EU은 2022년 초 원전을 환경 친화적인 '녹색분류체계Green Taxonomy(택소노미)'에 포함하기로 잠정 결정했다. 고준위 방사성 폐기물 처리장 확보와 사고 저항성 핵연료 사용 등 강력한 전제조건을 달긴 했지만 원전을 사실상 친환경 에너지로 공인한 것으로 해석된다. 택소노미는 특정 경제활동이 친환경적이고 탄소중립에 이바지하는지 규정한 것으로, 일종의 녹색 금융 투자 기준이다.

택소노미에 원전 포함을 주장한 EU 국가는 프랑스를 비롯해 체코, 핀란드, 헝가리 등 10개국이다. 프랑스는 이미 2021년 10월 에마뉘엘 마크롱Emmanuel Macron 대통령이 10억 유로의 공적자금을 투입해 차세대 원자로를 건설하겠다는 '프랑스 2030' 계획을 발표하며 원자력 부활을 강력하게 추진 중이다. 2030년 이전에 핵폐기물 관리를 개선하고 혁신 원자로를 개발하는 것이 최우선 목표다. 2050년까지 최대 14기의 신규원전을 짓겠다는 계획도 발표했다. 프랑스는 후쿠시마 원전 사태를 계기로 원자력 비중을 점진적으로 낮추려고 노력했다. 마크롱 대통령 본인조차 2017년 취임 직후에는 원자로 14기를 폐쇄하고 2035년까지 원전 의존도를 25% 낮춰 50%까지 낮추겠다는 목표를 내놨다. 하지만 불과 4년 만에 기조가 뒤집혔다.

원전에 드라이브를 건 나라는 영국이다. 영국 정부는 사실상 백지화했던 웨일즈 와일파Wylfa 원전 건설 프로젝트 재검토에 들어갔다. 현재 진행하고 있는 원전 건설 프로젝트 외에 신규 원전 건설을 고려하기 시작한 것이다. 원전업체 웨스팅하우스Westinghouse 와 벡텔Bechtel로 구성된 미국 컨소시엄consortium과 대형 원자로 건설을 협의하고 있는 것으로 알려졌다. 에너지 자립을 위해 2050년까지 최대 7기의 원전 건설을 추진하겠다는 계획도 밝혔다. 영국도 2024년까지 원전 비중을 절반으로 줄이려는 계획을 세웠다.

하지만 천연가스 가격이 급등하고 주력 전원인 북해 풍력발전이 풍속 감소 등으로 고전하자 기존 방침을 뒤집는 움직임이 나타나기 시작했다. 특히 최근에는 러시아발 천연가스 가격 급등 현상이 나타나면서 전력난을 막기 위해선 원전 확대를 적극적으로 검토해야 한다는 목소리가 더욱 힘을 받기 시작했다.

미국은 일부 노후 원전의 수명을 60년에서 80년으로 20년 연장하고 2,230메가와트(㎿) 규모의 신규 원전 2기를 추가 건설하기로 했다. 또 2021년부터 청정에너지기준CES에 원전을 포함하는 방안을 검토하고 있다. 중국은 2036년까지 최대 4,400억 달러를 투입해 150기의 원전을 추가로 건설한다는 거대한 계획을 세웠다. 지난 35년 동안 전 세계에 지은 원전을 능가하는 숫자다. 일본 역시 전체 전력 공급의 원전 비율을 2018년 2%에서 2030년까지 최대 22%로 확대할 방침이다.

이 같은 원전 부활 기조의 중심에는 차세대 원전인 소형모듈형원자로SMR가 있다. SMR은 전기출력 300㎿ 이하의 전력을 생산하며 공장제작, 현장조립이 가능한 소형 원전이다. 규모가 작다는 특성 덕분에 전력망과 무관한 분산형 전원, 수소생산, 해수담수화 등 다양한 곳에 활용할 수 있다. 저렴한 건설비로 투자 리스크도 적고 탄소중립이라는 세계적 흐름과도 맞물려 있다.

실제로 미국 바이든 정부의 차세대 에너지 정책, 빌 게이츠의 테라파워 등 원자력발전 분야의 세계적인 트렌드로 급부상 하고 있다. 2030년 전후로 시장 확대가 예상되는 가운데 미국 · 러시아 등 원전 설계기술을 보유한 모든 국가에서 각자의 모델을 이미 확보하거나, 개발하고 있다. 한국수력원자력·한국원자력연구원 등에 따르면 세계적으로 한국 미국 러시아 중국 등에서 SMR 노형 총 71기가 개발되고 있다. 조 바이든 미국 대통령이 탄소중립에 드라이브를 건 상황에서 선진국 사이에 기후변화 대응과 탄소중립 달성을 위한 '골든 키golden key'로 SMR 기술 확보가 급부상하면서다.

현재 기술 진척도에서 가장 앞선 곳은 뉴스케일, 엠파워, W-SMR, SMR-160 등 노형 원자로 17기를 개발 중인 미국이다. 미국 에너지부는 2021년 10월 SMR와 차세대 원자로 지원에 7년간 32억 달러(약 3조 6,000억 원)를 투자하기로 했다. 영국 정부는 항공기 엔진 제작업체인 롤스로이스와 손잡고 2050년까지 약 45조 원을 들여 소형 원전 16기를 건설한다고 발표했다.

핵융합, 미래 궁극의 에너지

인류가 1,000년 이후에도 지구에 생존할 수 있을지에 대한 여부는 에너지 문제에 달렸다고 해도 과언이 아니다. 전 세계 에너지의 85%를 책임졌던 석유, 석탄 등 화석연료는 자원 고갈과 환경오염, 탄소중립을 위한 기후변화 대응 강화 등으로 더 이상 인류의 미래를 책임질 수 없게 됐다. 이제는 기존 에너지원들이 가진 문제를 근본적으로 해결할 수 있는 새로운 대안이 필요하다. 인류의 눈이 핵융합에너지를 향하는 이유다.

지구의 모든 생명체를 살아 숨 쉴 수 있게 만드는 근원인 태양의 빛과 열에너지는 태양 중심에서 일어나는 핵융합으로 만들어진다. 핵융합은 수소(H)처럼 가벼운 두 원자핵이 충돌해 하나의 무거운 원자핵이 되는 반응이다. 이 과정에서 줄어든 질량은 에너지로 변환되는데 이를 핵융합에너지라고 한다. 태양과 같은 별(항성)의 중심에선 주로 수소 원자핵 2개가 만나 헬륨(He) 1개가 되는 핵융합 반응이 일어난다.

태양이 1초 동안 우주 공간에 방출하는 에너지의 양은 $9.2 \times 1,022kcal$다. 우리가 하루에 섭취하는 열량(2,000~3,000kcal)과 비교하면 가히 천문학적이라고 할 수 있다. 태양은 지난 50억 년 동안 이렇게 많은 빛과 열을 방출해왔고, 앞으로도 50억 년은 더 지속될 것으로 예측되고 있다.

원전이 방사성 핵종의 핵분열 반응 과정에서 나오는 에너지로 전기를 생산한다면 핵융합발전은 무한한 태양에너지의 근원인 태양 중심의 핵융합 반응을 인공적으로 일으켜 전력을 얻는 것을 말한다. 핵융합 반응 과정에서 나오는 고에너지 중성자의 열을 이용해 발생시킨 증기로 터빈발전기를 돌려 전기를 생산하는 것이다. 핵융합발전소가 '땅 위의 인공태양'으로 불리는 이유다.

EU와 한국, 미국, 러시아, 일본, 중국, 인도 등 7개국은 핵융합에너지 개발을 위해 2007년부터 프랑스 카다라쉬에 '국제핵융

핵융합발전소의 구조

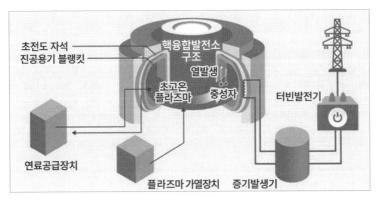

초전도 자석
진공용기 블랭킷
핵융합발전소 구조
열발생
초고온 플라즈마
중성자
터빈발전기
연료공급장치
플라즈마 가열장치
증기발생기

자료: 한국핵융합에너지연구원

합실험로International Thermonuclear Experimental Reactor, ITER'를 공동 건설 중이다. ITER은 온도 대비 반응 효율이 높은 중수소(D)와 삼중수소(T) 간의 핵융합 반응을 일으키는 수소 핵융합 장치다. 건설비 71억 1,000만 유로와 현물을 포함한 사업 예산은 EU가 45.46%, 나머지 6개국이 각각 9.09%씩 분담한다. 1988년 출범한 ITER 프로젝트는 인류 사상 최대 규모의 국제 과학기술 협력 프로젝트이기도 하다. 라틴어로 '길'이라는 뜻을 지닌 ITER은 '인류 에너지 문제 해결의 길'이라는 의미를 갖고 있다.

핵융합발전은 원전까지도 대체할 수 있는 궁극의 에너지로 각광받고 있다. 우선 지하자원에 대한 의존도가 낮다. 연료가 되는 중수소는 지구 표면의 70%를 뒤덮고 있는 바닷물에서 무한히 얻을 수 있고, 바닷물 35L이면 중수소 1g을 공급할 수 있다. 자연계에 존재하지 않는 삼중수소는 중성자와 리튬(Li)을 충돌시켜 만들 수 있다. 리튬의 매장량 역시 인류가 1,500만 년을 사용할 수 있을 정도로 풍부하다. 핵융합발전에 필요한 연료는 거의 무한하다고 볼 수 있다.

필요한 연료의 양도 매우 적다. 중수소 1g과 삼중수소 1.5g이면 석탄 20t과 맞먹는 전력(한 가정이 80년 동안 사용할 수 있는 양)을 생산할 수 있다. 단순 계산하면 1,000t의 수소만으로 전 세계가 필요로 하는 전력을 공급할 수 있는 수준이다. 원전 핵연료인 우라늄-235 1kg이 핵분열을 할 때 내놓는 에너지는 약 200억kg인 반면 '수소' 1kg이 핵융합을 할 때 내놓는 에너지는 1,500억$kcal$에 달한다. 연료만 놓고 보면 에너지 효율이 원전의 7배 이상으로 높은 것이다.

온실기체나 대기오염물질을 배출하지 않고, 고준위 방사성 폐기물이 아예 나오지 않는다는 것도 핵융합발전의 큰 장점이다. 수소 핵융합 반응 결과로 생성되는 헬륨은 화학적 반응성이 전혀 없는 기체다. 연료 중 하나인 삼중수소가 방사성 핵종이긴 하지만 반감기(방사성 물질의 양이 절반으로 줄어드는 데 걸리는 시간)가 12.3년으로 우라늄-235(7억 400만 년)보다 훨씬 짧아 방사능이 매우 약하다. 핵융합의 연료나 반응 산물은 원전의 우라늄이나 플루토늄처럼 핵무기에 쓸 수도 없다.

핵융합발전은 원전사고 같은 대형 사고의 위험 역시 거의 없

2021년 10월 촬영한 프랑스 카다라쉬의 국제핵융합실험로(ITER) 건설 현장

© ITER 국제기구

지름 28m, 높이 24m의 핵융합로가 들어설 예정인 본관 내부 모습이다.

다. 원전은 연료봉이 다 탈 때까지 장시간 운전을 계속해야 하고 이를 제어하지 못하면 사고가 일어나게 된다. 반면 핵융합은 진공 상태의 용기에 중수소와 삼중수소를 외부에서 소량으로 분사해 핵융합에너지를 만들어내기 때문에 연료 주입만 차단되면 단 몇 초 안에 즉시 가동을 멈출 수 있다. 약간의 변수만 생겨도 핵융합 반응에 필요한 초고온 플라즈마(고온·고압에 의해 원자핵과 전자가 분리된 기체)는 유지되지 못한다. 즉, 에너지를 만들기가 쉬워서 발생하는 에너지의 양을 조절해야 하는 핵분열(원전)과 반대로 핵융합은 제어를 못 하면 오히려 에너지가 발생하지 않게 된다. 핵융합발전을 근본적으로 안전하다고 하는 이유다.

또 핵융합에너지 연구를 통해 얻은 플라즈마 기술은 태양풍으로 추진력을 얻는 우주선인 우주 돛단배나 위성위치확인시스템 GPS 정밀도 개선, 친환경 폐기물 처리 등 다양한 분야에 활용할 수도 있다. 많은 비용과 시간을 들이면서까지 세계 각국이 핵융합에너지 개발에 매달리고 있는 이유다.

태양은 강한 중력으로 수많은 입자를 중심에 잡아두기 때문에 핵융합 반응이 매우 잘 일어난다. 반면 그보다 중력이 약한 지구에서 핵융합 반응을 자연적으로 일어나게 하는 것은 불가능하다. 인공적으로 핵융합 반응을 일으키기 위한 조건을 만들어 줘야 한다. ITER의 경우 중력 대신 자기장을 이용해 도넛 모양의 진공 용기에 입자를 가두고 온도를 높여 핵융합 반응을 유도한다. 이런 방식의 핵융합 장치가 토카막(핵융합로에서 실제 핵융합 반응이 일어나는 공간으로 초고온 플라즈마를 자기장을 이용해 가둬두는 도너츠 형태의 장치)이다.

지구상에서 수소 핵융합 반응은 섭씨 1억 도 이상의 높은 온도에서 연료가 플라즈마 상태가 됐을 때 본격적으로 일어난다. 온도가 높아지면 수소 원자핵 간의 충돌 확률 역시 높아진다는 점을 이용하는 것이다. 하지만 1억℃ 이상으로 온도를 올리면 플라즈마가 태양 표면과 같이 매우 불안정한 상태가 된다. 결국 초고온 플라즈마를 만들어 밀폐된 공간에 가두고 플라즈마의 불안정성을 제어하면서 장시간 유지하는 것이 핵융합에너지 상용화를 위한 핵심 기술이자 최대 난제인 셈이다.

2007년 토카막 방식의 핵융합로인 '한국형초전도핵융합장치 Korea Superconducting Tokamak Advanced Research, KSTAR'를 독자 개발하는 데 성공한 한국은 세계적으로 핵융합 기술을 선도하고 있다. 한국핵융합에너지연구원은 KSTAR를 이용해 2018년 1억℃ 수준의 초고온 플라즈마를 1.5초간 유지하는 데 성공했다. 2020년 초고온 플라즈마 유지 시간 20초로 세계 최장 기록을 세운 데 이어 2021년에는 이를 30초까지 끌어올렸다. 2026년에는 300초를 달성하겠다는 목표다.

한국은 KSTAR를 통해 얻은 경험과 기술력 덕분에 ITER 프로젝트에서도 핵심장치 제작과 건설을 주도하고 있다. ITER의 크기는 KSTAR의 30배에 이른다. 정기정 ITER 한국사업단장은 "처음 우리가 KSTAR를 개발한다고 했을 땐 다들 비아냥거리고 무시했었지만 지금은 모두가 KSTAR를 ITER의 프로토타입prototype으로 생각한다"고 말했다.

한국형초전도핵융합장치(KSTAR)의 토카막 진공용기.
자기장으로 초고온 플라즈마를 가두고 실제 핵융합 반응이 일어나는 공간이다.

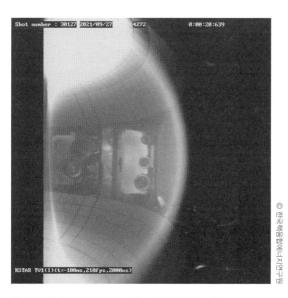

한국핵융합에너지연구원이 1억℃ 수준의 플라즈마를
30초 이상 유지했을 때의 모습이다.

각국이 맡은 품목을 개발해 조달하는 형태로 제작되는 ITER에서 한국은 초전도 도체와 진공용기 본체, 진공용기 포트, 블랑켓 차폐블록, 조립장비, 열차폐체, 삼중수소 저장 및 공급시스템, 전원공급장치, 진단장치 9개 주요 장치를 조달한다. 국내에서 ITER 제작에 참여하는 업체는 1·2차 협력업체까지 포함하면 총 224곳에 달한다. 현대중공업, SFA, TMC, KAT, 유진엠에스, 일진기계, 이엠코리아 등이 대표적이다.

　　ITER 프로젝트는 토카막을 이용해 중수소와 삼중수소가 태양 중심에서처럼 플라즈마 상태에서 계속 반응하며 전력 생산에 충분한 열에너지를 낼 수 있는지 검증할 예정이다. ITER 토카막의 전체 무게는 2만 3,000t으로 에펠탑 3개와 맞먹는 수준이다. 소비전력 대비 10배의 전력을 생산할 수 있는 '에너지증폭률(Q)=10'(투입에너지 대비 생산에너지) 수준의 열출력을 내는 것을 목표로 하고 있다.

　　열에너지를 전기에너지로 바꿔주는 터빈발전기는 화력발전, 원자력발전 등에서 공통적으로 활용해온 시설이므로 ITER에는 설치되지 않지만, 상용 핵융합발전소에는 핵융합로와 터빈발전기가 함께 설치된다. ITER은 2025~2026년경 핵융합로 핵심 시설을 완성해 첫 플라즈마를 발생시키고, 2035년 완공해 본격적인 핵융합 실험에 돌입한다는 목표다. 전체 공정률은 2022년 1월 기준 75%를 넘어섰다.

　　ITER 프로젝트는 상용 수준의 전기를 실제로 생산하는 핵융합실증로DEMO 구축과 나아가 2050년대 핵융합발전소 상용화를 위한 준비 단계라고 할 수 있다. ITER 회원국들이 2030~2050년 사이 각각 자국에 지을 것으로 전망되는 DEMO는 ITER의 각종 실험용 장치들 대신 터빈발전기를 갖춘 상용 핵융합발전소와 같은 형태로 핵융합 반응부터 전기 생산에 이르기까지 핵융합발전소 운영의 전 과정을 실증하는 것을 목표로 한다.

DEMO의 목표 에너지증폭률(Q)은 40~50으로 ITER(Q=10)보다는 4~5배 높다. 규모는 ITER과 비슷하거나 약간 커질 가능성이 높다. 버나드 비고Bernard Bigot ITER 국제기구 사무총장은 "성능 개선과 장치 최적화를 거치면 ITER의 1.5~2배 크기만 돼도 충분히 목표치 이상의 전기를 생산할 수 있을 것"이라고 설명했다. 무조건 규모가 크다고 전력 생산효율이 높은 것은 아니다. 장치가 너무 커지면 건설에 들어가는 비용과 시간이 불필요하게 늘어날 수 있기 때문이다. 전문가들은 DEMO를 거쳐 2050년경부터는 세계 곳곳에 상용 핵융합발전소가 들어설 것으로 보고 있다.

최근 탄소중립 정책과 연계해 핵융합에너지 개발 추진 동력은 더욱 강해지는 추세다. 일례로 영국은 '녹색 산업혁명을 위한 10대 중점계획'(2020년 11월)의 일환으로 핵융합에너지 개발을 꼽았고, 일본도 '2050년 탄소중립을 위한 녹색성장 전략'(2020년 12월)에 핵융합에너지 개발을 포함시켰다. 한국 역시 '2050 탄소중립 연구개발투자전략'의 10대 핵심 투자 분야에 핵융합에너지를 포함시켰다. 2050년 이전에 전력 수급을 담당하기는 어렵지만, 향

ITER 프로젝트 및 주요국의 핵융합에너지 개발 추진 일정

자료: 한국핵융합에너지연구원

후 탄소중립 사회에서 주 에너지원으로 활용될 가능성이 높은 만큼 장기적 관점에서 투자가 이뤄져야 한다는 판단에서다.

한편 미국 로렌스리버모어국립연구소LLNL는 토카막 대신 고출력 레이저로 높은 에너지를 만들어 연료(중수소와 삼중수소)에 조사한 뒤 핵융합 반응을 일으키는 방식으로 핵융합에너지를 연구하고 있다. 2021년 10월 LLNL 연구진은 레이저빔 192대를 동시에 쏘아 1.9메가줄(MJ)의 에너지를 중수소와 삼중수소에 가한 뒤 핵융합 반응을 일으켜 1.3MJ의 핵융합에너지를 얻는 데 성공했다. 실험 조건이긴 하지만 투입에너지 대비 생산에너지로 따지면 에너지 전환 효율 68%를 달성한 것이다.

LLNL은 35억 달러(약 4조 원)를 들여 2009년 축구장 3개 넓이

미국 로렌스리버모어국립연구소(LLNL) 국립점화시설(NIF)의 고출력 레이저 장치. LLNL 연구진은 중수소와 삼중수소에 레이저를 쏘아 핵융합 반응을 일으키는 방식으로 핵융합에너지를 연구하고 있다.

의 레이저 핵융합 실험 장치인 국립점화시설NIF을 구축하고, 2010년부터 실험을 시작했지만 지난 10년간 별다른 진전을 이루지 못했다. 그러다 이번에 효율을 크게 높이면서 핵융합발전에 한 걸음 더 다가섰다는 평가다. 다만 LLNL 고출력 레이저 장치를 활용한 핵융합발전의 에너지증폭률(Q)은 0.68로 ITER의 목표치(Q=10)에는 한참 못 미치는 수준이다.

상용 핵융합발전소로는 ITER와 같은 토카막 방식이 가장 적합한 것으로 평가되고 있다. 유럽의 대형 토카막인 '제트Joint European Torus, JET'는 이미 1997년에 24MW를 투입해 16MW(Q=0.67)의 전력을 얻은 바 있다. 핵융합 스타트업들도 대부분 토카막 방식의 소형 핵융합로 개발을 위해 다양한 혁신 기술을 내놓고 있다.

미국 매사추세츠공대MIT의 스핀오프로 탄생한 핵융합 스타트업 커먼웰스퓨전시스템스CFS는 2025년 완공을 목표로 고온 초전도 자석을 활용한 토카막 장치인 '스파크SPARC'를 제작 중이다. 에너지증폭률을 1 이상으로 끌어올리는 것을 목표로 하고 있다. 미국의 억만장자 빌 게이츠, 조지 소로스George Soros를 비롯해 세일즈포스 창립자 마크 베니오프Marc Benioff 회장 겸 최고경영자와 구글, 실리콘밸리에서 가장 주목받는 벤처캐피탈 타이거 글로벌 매니지먼트Tiger Global Management의 투자로 누적 20억 달러(2021년 말 기준)의 투자를 유치했다. 스파크의 에너지증폭률은 ITER과 마찬가지로 10을 목표로 하고 있다.

고온 초전도 자석은 절대온도(영하 273℃)에 가까운 환경에서 초전도 현상을 보이는 일반적인 초전도체보다 상대적으로 높은 영하 173℃ 수준에서도 초전도 특성을 갖는 초전도체를 말한다. ITER은 스파크 관련 연구 논문을 발표한 마틴 그린월드 MIT 교수는 "고온 초전도 자석은 ITER 설계에 적용된 초전도 자석의 자기장 세기인 12테슬라(T)보다 작은 부피로 훨씬 강력한 21T의 자기장을 생성할 수 있다"며 "ITER의 초전도 자석보다 부피가 약 60~70배 작아 핵융합로 건설비용이 경제적인 것은 물론 운영 효율이 높아 핵융합 발전의 '게임 체인저'가 될 것"이라고 주장했다.

MIT-CFS 연구진은 스파크를 통해 최소 250~1,000㎿의 전력을 생산할 수 있을 것으로 보고 있다. 한국 표준형 원전인 신월

미국의 핵융합 스타트업 커먼웰스퓨전시스템스(CFS)
엔지니어들이 고온 초전도 자석을 점검하고 있다.

성 원전 1·2호기의 설비용량은 각각 1,000㎿다. 연구진은 2025
년부터 스파크를 본격 가동하기 시작해 스파크에서 생산한 열에
너지를 전기에너지로 바꾸는 핵융합발전소를 2035년까지 구축하
겠다는 계획이다.

미국의 또 다른 핵융합 스타트업인 헬리온에너지Helion Energy
역시 누적 10억 달러(2021년 말 기준)를 유치하는 데 성공해 길이
12m의 소형 핵융합로를 개발하고 있다. 구글, OECD 산하 원자
력기구NEA 등으로부터 총 8억 8,000만 달러를 투자받은 TAE테크
놀로지는 플라즈마 입자의 소용돌이 운동으로 자기장을 생성하는
역자장 방식을 활용해 빔 형태의 핵융합 연구 장치를 개발 중이다.

아마존 창립자인 제프 베이조스는 2021년 11월 캐나다 핵융
합 스타트업 제너럴퓨전General Fusion에 1억 3,000만 달러를 투자하

기도 했다. 제너럴퓨전은 토카막과 달리 플라즈마를 가둬두는 진공용기 없이 강한 자기장 내에 플라즈마를 생성하는 자화 표적 핵융합 방식의 연구 장치를 개발하고 있다. 또 영국의 스타트업 토카막에너지Tokamak Energy는 고온 초전도 자석을 기반으로 한 구 형태의 토카막 개발을 추진 중이다. 전문가들은 이처럼 다양한 방식의 핵융합 기술이 동시다발적으로 개발되면서 핵융합 분야가 하나의 생태계를 이루며 향후 큰 진전을 이룰 것으로 보고 있다.

알리 이자디
블룸버그NEF 아시아리서치 총괄본부장

세계를 향한
에너지 시장 개혁의 중요성

세계 최고의 경제미디어, 블룸버그. 그중에서도 블룸버그의 청정 에너지인 탄소시장 전문 분석기관 블룸버그NEF는 넷제로Net zero 를 향한 탄소경제에 가장 정교한 분석을 제시한다.

아시아태평양 지역의 리서치 팀을 이끄는 알리 이자디 아시아리 서치 총괄에게 한국 C테크의 문제점과 대안에 대해 물어봤다.

Q. 에너지 전환 분야에서 한국은 어느 정도의 위치에 있나요?
A. 2021년 한국은 에너지 전환에 대한 투자에서 인도보다 낮

고 브라질보다 앞선 세계 8위에 올랐습니다. 한국은 블룸버그NEF의 클리마테스코프Climatescope 2021년 판에서 분석한 136개 시장 중 22위를 차지했습니다. 두 순위의 차이는 1차적으로 한국의 전력부문이 반영된 것입니다. 정부가 소비자들에게 전기차와 연료전지차를 구매하도록 후한 보조금을 지급한 것이 이들 차량의 판매량을 늘리는 데 효과가 있어 에너지 전환 투자 순위에서 한국이 높은 성과를 거둔 것입니다. 정부가 재생에너지 인증을 통해 신재생발전 사업에 간접적인 보조금을 지급한 것도 신재생발전 사업 투자 유치에 어느 정도 도움이 됐습니다. 그러나 한국의 가장 큰 배출원인 전력 부문에서 더 빠른 속도로 탄소를 제거할 필요가 있습니다. 한국의 전력시장 개혁은 2004년을 끝으로 멈췄습니다. 그리고 전력 부문은 여전히 국영 한국 전력에 너무 많이 의존하고 있는데, 이는 민간 부문으로부터의 투자와 경쟁을 저해합니다.

Q. 에너지 전환 분야에서 한국의 잠재력은 무엇인가요?

A. 한국은 전력믹스에서 탈탄소 전력의 비율을 높이기 위한 세 가지 선택권이 있습니다.

우선 재생에너지 보급 확대입니다. 재생에너지의 천연자원과 지리적 여건을 고려한 한국의 기술적 잠재력은 태양광과 풍력 분야에서 2,500기가와트(GW)가 넘는다고 정부 연구기관이 밝혔습니다.

두 번째는 화력발전소에 친환경 연료와 CCS를 사용하는 것입니다. 석탄 대신 그린암모니아를 사용하거나 천연가스 대신 그린수소를 사용하면 한국은 화력발전소를 계속 의존할 수 있습니다. 대신 그린암모니아와 석탄, 그린수소와 천연가스를 동시에 이용하고 배출물을 CCS를 이용해 대기에 다다르는 것을 막을 수 있습니다.

마지막으로 기존 원자력발전소의 수명을 연장하고 새 원자로를 건설하여 한국이 기존 원자로의 수명을 40년보다 연장한다면 2050년 넷제로 목표 달성은 조금 더 쉬워질 것입니다. 원자력이 금세기 후반 국가의 에너지믹스에서 중요한 역할을 하기 위해서는 새로운 원자로가 필요합니다.

이상의 3가지 선택 모두 기술적, 정책적 과제가 필요합니다. 블룸버그NEF의 견해로는 한국은 에너지 안보 또한 증진시킬 수 있기 때문에 선택지 1과 3에 집중하는 것이 더 낫다고 봅니다. 그 다음 다루지 못한 나머지 배출물에 대해 선택지 2를 활용할 수 있습니다.

Q. 에너지 전환에 있어 한국에 있는 장애물은 무엇인가요? 이 장애물을 극복하기 위해 한국은 무엇을 해야 하나요?

A. 정부는 새로운 기술에 대한 R&D뿐만 아니라 기존에 있는 기술을 모두 지원할 수 있는 정책을 시행해야 합니다. 중요한 정책 수단은 다음과 같습니다.

우선 오랜 기간 휴지기에 있었던 에너지 시장 개혁을 재개해야 합니다. 국영기업(한전 발전자회사 등)을 민영화하고 현재 한전이 독점하고 있는 전기 송배전을 자유화해 시장주체들을 경쟁에 노출시켜야 합니다. 발전회사간의 경쟁 심화는 재생에너지의 비용절감을 가속화할 겁니다. 전기 송배전 시장 자유화는 현재 정부가 비교적 낮은 요금으로 고정한 소매전기 가격을 정상화하고 적정 가격에 대한 시그널을 줘 시설규모 설비와 분산발전설비 모두에 대한 투자를 유치하는 데 도움이 될 것입니다.

두 번째로 한국의 ETS를 개혁해 발전소 소유자와 기술 제공자들이 CCS나 그린연료를 이용한 화력발전소 탈탄소화에 투자하도록 장려해야 합니다. 한국의 탄소배출권 가격이 상대적으로 높지만, 현행 탄소배출권 거래제는 한전의 보조금뿐 아니라 지나치게 많은 무상할당 때문에 전력시장에 미치는 영향이 거의 없습니다. 정부는 탄소배출권의 90%를 무상으로 부여하고 발전회사가 나머지 10%의 배출권을 구매하면서 발생하는 비용도 한전이 일부 보전합니다.

발전회사에 대한 최종 비용이 매우 제한적이기 때문에 발전회사가 전력시장에 입찰을 할 때 탄소배출 비용이 전력발전 원가에 반영되지 않습니다. 탄소배출 비용이 전력발전 원가에 적절히 반영될 수 있도록 배출권거래제가 개편되면 재생에너지의 경제성과 경쟁력이 높아질 것으로 보입니다.

세 번째로 재생에너지에 대한 토지 이용 규제를 완화해 태양광·풍력 발전용량을 확대해야 합니다. 한국은 신재생에너지에 대한 기술자원 잠재력이 높지만 이들 사업장 대부분은 각종 규제로 사업개발이 막혀있습니다. 정부 연구기관에 따르면 국내 태양광과 풍력발전이 가능한 용량은 2,546GW에 달하지만 환경·문화·지역 규제 등으로 인해 124GW만 이용이 가능합니다. 2050년까지 넷제로를 달성하려면 재생에너지에 대한 토지 사용 관련 규제를 완화해야 합니다.

마지막으로 탈탄소 정책의 연속성은 에너지 전환 가속에 매우 중요합니다. 한국의 새 정부는 새 정부의 장기 목표와 맞닿아도 지난 정부가 시행한 핵심 에너지 정책을 폐기하는 경향이 있었습니다. 이로 인해 단기 정책방향, 보조금 체계, 전력시장 설계 등이 빈번하게 바뀌고 가끔은 불필요한 변경이 생겨납니다. 그래서 민간이 저탄소 기술에 자신 있게 투자하고 국가의 탈탄소를 지원하는 장기 사업계획을 추진할 수 있는 능력을 저해하고 있습니다.

보수와 진보 모두 핵심 정당들이 2050년 넷제로 목표를 수용한 것은 진전이 있을 조짐으로 보입니다. 그러나 한국의 탈탄소화 정책의 연속성을 개선하기 위해서는 더 많은 초당적 노력이 필요할 것입니다.

Q. 현 상황에서 한국은 어떤 에너지 믹스가 적절한가요?

A. 전력발전에 있어서는 원자력과 재생에너지의 결합이 한국에게는 최고의 조합이 될 것입니다. 최종 사용자 단계에서는 직접 전력공급을 가능하도록 하는 것이 최선의 방식입니다. 시멘트와 철강 등 생산 단계에서 수소와 CCUS 기술이 필요할 것입니다.

수출을 주력으로 하는 제조업이 장기적으로 경제성을 갖출 수 있을지에 대해서도 고민이 필요할 것으로 보입니다. 현재 한국은 철강과 석유화학에 필요한 원료(철광석, 석탄, 원유 등)가 없음에도 불구하고 주요 수출국으로 꼽힙니다. 탄소배출 비용이 매우 저렴한 수소와 전력을 확보하지 못하면 한국은 이 분야에서 경쟁력을 유지할 수 없습니다.

수소를 생산하는 다양한 접근방식 가운데서는 재생에너지에서 생산한 전기를 이용한 수전해 방식으로 생산된 '그린수소'가 가장 경제적이고 경쟁력이 있을 것으로 보입니다. 화석연료로 생산됐으나 CCS로 배출된 탄소를 제거한 '블루수소'의 경우, 비용은 항상 기초적인 화석연료에 의존할 수밖에 없습니다. 배출가스 제거에 있어 CCS의 효과도 아직 입증되지 않았습니다.

원자로가 수소 생산에 사용되는 여러 가지 접근법이 있습니다. 가장 단순한 접근법은 원자로에서 생산된 전기를 활용해 수소를 추출하는, 그린수소와 유사한 방식입니다. 원자로에서 발생하는 열과 전기를 모두 사용해 '고온 고체 산화물 전기분해High-temperature solid oxide electrolyzers'를 작동하는 새로운 접근법도 있습니다. 이 접근법은 잠재적으로 더 높은 효율성을 제공하지만 여전히 R&D 단계에 있습니다.

Q. 한국 정부는 어떻게 전략을 짜야 할까요? 모범 사례가 있나요?

A. 에너지 시장 개혁을 위해서는 EU의 '제3에너지 패키지Third Energy Package'가 한국에게 유용한 참고자료가 될 것입니다. 지난 20여 년간 칠레, 덴마크, 영국의 성공사례를 참고해도 좋을 것입니다. 이들 국가는 모두 전력믹스에서 화석연료의 비중을 현저히 줄인 나라들입니다.

Q. 한국의 ETS가 탄소배출 비용을 충분히 반영하지 못하고 있을 수 있다는 지적이 있었는데요, 한국만 가지고 있는 문제인가요?

A. 한국 ETSKETS의 3단계는 2단계에 비해서 효과가 향상됐습니다(한국거래소는 2021년 말 KETS의 3단계를 시행함). KETS 거래 대상 기업이 2단계의 591개에서 685개로 늘어난 것이 주요 변경사항입니다. 주로 건설 회사와 대형 운송 회사가 포함됐습니다. 무상할당 배정도 2단계의 97%에서 90%로 축소됐습니다.

KETS 이행대상이 아닌 투자자들의 시장 진입도 허용됐습니다. 3단계는 2025년까지 지속됩니다. 정부는 2025년 이전에 무상할당 비율을 더 줄일 필요가 있습니다. 한국전력거래소가 사용하는 발전원가에 탄소가격이 반영되도록 해야 합니다. 2030년까지 그린수소가 국내 철강에서 석탄을 대체할 수 있는 경쟁력 있는 대안이 되려면 탄소가격이 톤당 67달러 이상은 돼야할 것으로 추산됩니다.

Q. C테크 시장은 얼마나 커질 것으로 예상하나요?

A. 파리협정을 준수하는 경로를 위해서는 2022~2025년 연평균 에너지전환 투자가 2021년 전체 대비 약 3배인 2조 630억 달러(약 2,480조 원)가 필요합니다. 신에너지전망New Energy Outlook, NEO의 세 가지 시나리오에 따르면 2022~2025년 지출의 약 60%가 재생에너지와 전기차량에 사용될 것이며, 2021년 수준에 비해 각각 약 2배인 이들 부문에 대한 투자는 실제 2021년 수준에 비해 각각 약 2배인 6,670억 달러(약 803조 원)와 5,830억 달러(약 702조 원)에 달할 것으로 분석됩니다.

전기차량 부문은 2021년 지출이 77% 성장한 후 본 궤도에 오를 수 있습니다. 그러나 지난 5년간 재생에너지에 대한 지출은 평균 6% 증가에 그쳤습니다. 2025년 이후, 2026년부터 2030년까지 연평균 4조 1,890억 달러(약 5,046조 원)의 투자가 추가로 필요합니다. 수소 · CCS · 원자력 등 차세대 저탄소 기술에 필요한 비용은 이 가운데 약 20~40%입니다.

버나드 비고
국제핵융합실험로(ITER) 국제기구 사무총장

저탄소 시대 이끌 핵융합에너지,
한국은 선도적 위치에 있다

국제핵융합실험로ITER는 무한한 태양에너지의 근원인 태양 중심의 핵융합 반응을 인공적으로 일으켜 전력을 얻는 핵융합에너지를 개발·실증하기 위한 실험 장치다. '땅 위의 인공태양'으로 불리는 ITER은 세계 최대 규모의 과학 프로젝트이기도 하다. 유럽연합EU과 한국, 미국, 러시아, 일본, 중국, 인도 등 7개국이 공동 건설 중이다.

버나드 비고Bernard Bigot ITER 국제기구 사무총장은 ITER의 임무를 성공시키기 위한 7개국의 협력을 총괄하고 있다. 프랑스 리옹의 고등사범학교 총장, 프랑스 원자력 및 대체에너지 위원회 회장 등을 역임했다.

Q. 핵융합에너지가 지구온난화를 늦추는 것에 얼마나 기여할 수 있다고 전망하시나요?

A. 저는 핵융합에너지가 미래의 기후변화에 매우 크게 기여할 수 있다고 생각합니다. 에너지는 언제나 에너지를 얻기 위해 원료를 변형하는 것입니다. 지금으로서는 선택의 여지가 많지 않습니다. 재생에너지는 실제로 태양으로부터 온 에너지, 정확히는 태양 중심의 핵융합에너지를 이용한 것입니다. 하지만 태양은 멀리 있어서 우리가 통제할 수 없습니다. 태양은 매일 낮에 빛나지만 밤에는 빛나지 않기 때문에 우리는 대책을 찾아야 합니다.

지금까지의 보완적인 선택은 주로 화석연료였습니다. 그리고 아시다시피 화석연료는 지구의 기능을 망치는 많은 온실가스를 배출합니다. 우리는 화석연료의 소비를 급격히 줄일 필요가 있습니다. 그렇다면 우리는 화석연료를 어떻게 대체할 수 있을까요? 핵에너지를 이용해 화석연료를 대체할 수 있고 여기에는 두 가지 방법이 있습니다. 하나는 ITER이 개발하고자 하는 수소 핵융합발전이고, 다른 하나는 핵분열발전(원자력발전)입니다.

핵분열은 에너지를 얻기 위해 우라늄을 변형하는 것으로 잘 알려져 있습니다. 핵폐기물 관리뿐만 아니라 사이버 보안 문제로 인해 핵분열발전에는 몇 가지 단점이 있습니다만, 대안을 찾지 못하는 상황에선 합리적인 선택이라고 할 수 있습니다. 정확히는 수소 핵융합이 장기적인 기후 변화와의 전쟁을 위한 대안이 될 수 있습니다. 왜일까요? 왜냐하면 수백만 유로 가치의 원료(핵융합의 원료는 중수소와 삼중수소, 중수소는 바닷물을 전기분해해서 얻고 삼중수소는 핵융합로에서 리튬과 중성자를 반응시켜 만듦)가 지구상에 충분히 있고, 전 세계 어디서든 쉽게 구할 수 있어 심지어 여러 국가 간의 경쟁도 피할 수 있기 때문입니다.

핵융합발전은 본질적으로 안전하기도 한데 전력이 아닌 자기력을 이용해 핵융합 반응을 일으켜서 시설이 제어 불가능한 상태에 빠질 가능성이 없기 때문입니다. 온실가스 배출도 전혀 없습니다. 화학적 반응성이 없는 헬륨만 발생하기 때문에 기후에도, 환경에도 전혀 영향을 미치지 않습니다. 꿈처럼 보이기도 하는데요, 하지만 저는 이 꿈이 대규모의 ITER 프로젝트를 통해 이루어질 수 있다고 믿습니다. 한국도 이 실증 프로젝트를 실현시키기 위한 7개의 ITER 회원국(유럽연합, 한국, 미국, 중국, 일본, 러시아, 인도) 중 하나입니다.

Q. 핵융합에너지는 개발에 매우 긴 시간과 노력, 비용이 필요한데 그럼에도 불구하고 인류가 반드시 핵융합에너지를 개발해야 하는

이유는 무엇이라고 생각하시나요?

A. 우선 다른 선택지가 별로 없습니다. 핵융합은 잘 알려진 현상이지만 섭씨 1억℃ 이상의 매우 뜨거운 온도를 필요로 합니다. 높은 온도를 유지하지 못한다면 플라즈마(고온·고압에 의해 원자의 원자핵과 전자가 분리된 기체 상태)로부터 더 많은 에너지를 얻을 수 없습니다.

인내심을 가져야 합니다. 발견과 진보야말로 많은 혜택을 얻을 수 있는 매우 중요한 돌파구이기 때문입니다. 새 돌파구를 찾는 데는 시간이 걸리고 인내심이 필요합니다. 특히 현재 사용하고 있는 기술인 토카막은 약 50~60년 동안 연구돼왔습니다. 한국을 포함해 세계 120여 곳에 토카막이 만들어졌고, 이 모든 것이 우리가 수소 핵융합을 만들어낼 수 있다는 것을 증명합니다.

Q. ITER이 핵융합발전을 실증하고 나면 많은 나라들이 핵융합로 상용화에 뛰어들까요?

A. 네, 매우 자신합니다. ITER이 임무를 완수한다면요. ITER의 임무는 수소 핵융합 발전의 실현 가능성을 과학과 공학적 관점에서뿐만 아니라 산업 경영과 경제적 측면에서도 입증해야 합니다. 7개 ITER 회원국을 통해 ITER을 지원하고 있는 35개국 모두가 자국에 핵융합로를 반드시 개발할 것이라고 확신합니다. 이들 모두가 지식을 축적하고 자국에 핵융합로를 개

발하는 데 이점을 얻기 위해 가능한 한 빨리 핵융합에너지를 실증할 수 있도록 ITER 프로젝트를 밀어붙이고 있습니다.

Q. 그렇다면 첫 번째 상용 핵융합로는 언제 가동될 것으로 예상하십니까?

A. 우선 계획상으로 ITER은 첫 플라즈마를 2026~2027년경에 만드는 것을 목표로 하고 있습니다. 토카막의 모든 부품을 제대로 조립하는 시점을 의미합니다. 그 후 에너지를 모으기 위한 시스템과 함께 토카막을 설치해야 합니다. 플라즈마의 온도가 1억 1,500만이라는 것을 생각해야 합니다. 중성자 플라즈마에서 생성된 에너지를 모으기 위한 특별한 장치가 필요합니다. 플라즈마 생성에 쓰이지 않은 남은 원료들을 재활용하기 위한 시스템을 갖춰 에너지 효율을 높여야 합니다.

2035년경이 되면 플라즈마에서 우리가 투입한 에너지보다 10배나 많은 에너지를 생산할 수 있다는 것을 처음으로 완전히 증명할 수 있을 것입니다. 이후 과학자들이 토카막의 작동을 미세하게 조정하는 데 5년 정도가 걸릴 것으로 예상합니다. 그래서 2040년경부터는 산업계가 이 기술을 고려하게 될 것이라고 봅니다. 이번 세기 중반 이전에 산업계가 ITER과 유사한 시설을 다시 건설하고 전력망에 연결할 수 있게 됩니다. 2050년쯤이면 화석연료 사용을 줄일 수 있는 방법을 찾게 될지도 모릅니다. 하지만 그 역시 지속 가능한 기술이 아닐 것입니다.

이제는 완벽하게 제어 가능하며, 전력망에 연결해 화석연료를 대체할 수 있는 막대한 전력량을 생산하기 위한 절대적인 대체 기술이 필요합니다.

Q. 핵융합에너지가 탄소중립 사회에서 주 에너지원이 될 수 있을 것이라고 생각하시나요?

A. 네. 이미 과거이기도 합니다. 세계 인구가 10억 명에서 80억 명 가까이 증가하기 전까지 세계는 태양의 핵융합에너지에만 의존하고 있었습니다. 현재 우리가 사용하는 화석연료는 지구와 기후를 손상시키고 있습니다. 그래서 앞으로는 사회의 덜 중요한 부분에서만 화석연료를 쓰게 될 거라고 믿습니다. 대신 우리는 기후에 영향을 미치지 않으면서 완전히 통제할 수 있는 기술이자 안전한 기술인 수소 핵융합을 보유하게 될 겁니다. 이것이 바로 핵융합에너지와 ITER 프로젝트가 가능하게 할 시나리오라고 생각합니다.

Q. 핵융합에너지의 발전 비용이 기존의 다른 에너지원 수준으로 떨어질 수 있을까요?

A. 네, 우선 이 기술이 경제성이 있다는 것을 입증해야 합니다. 주요 비용은 토카막 건설 투자비가 될 것입니다. 필요한 연료의 양이 기존 에너지원 대비 상당히 줄어들기 때문에 운영비는 상당히 낮을 것으로 예상됩니다. 예를 들어 석탄이나 석유

를 사용하는 1000MW급 발전소에서는 연간 800만~1,000만t의 연료를 사용합니다. 같은 에너지를 얻기 위한 수소 핵융합발전로의 경우 350kg의 수소를 사용하는데 이는 매우 적은 양이고 저렴할 것입니다. 만약 투자가 지속된다면 토카막은 전력을 전혀 사용하지 않는 초전도 코일로 만들어질 것이기 때문에 핵융합발전로는 수십 년 동안 지속될 수 있을 것입니다. 그래서 경제적으로 매우 가치가 있을 거라고 봅니다.

Q. 한국의 핵융합에너지 기술은 어느 정도 수준에 도달했다고 생각하나요?

A. 한국은 ITER 프로젝트의 핵심 파트너입니다. 'K-STAR'라는 매우 효율적인 토카막 장비를 갖추고 있습니다. 같은 양의 에너지를 생산하는 다른 시설에 비해 크기가 매우 작습니다. 다만 K-STAR가 사용하는 연료는 최적이 아닙니다. 최적의 연료는 수소의 두 가지 동위원소라 할 수 있는 중수소와 삼중수소입니다. 그렇지만 한국은 핵융합 기술을 익혔다는 것을 명백히 증명해 보였습니다. ITER의 많은 부품들이 한국 산업체를 통해 매우 합리적인 가격과 높은 품질로 제 시간에 생산돼 왔습니다. 그래서 저는 ITER이 수소 핵융합이 충분한 에너지를 생산할 수 있는 가능성을 입증해낼 것이고, 한국이 향후 개별 국가들이 자국에서 핵융합로를 개발하는 데 있어 선두주자가 될 것이라고 확신합니다.

한국에는 화석연료가 없는 것으로 알고 있습니다. 땅이 좁아서 태양광 패널이나 풍력발전만으로 에너지 수집과 활용을 할 수 있을 만큼 규모를 갖추기가 어렵습니다. 따라서 에너지를 생산하기 위해서는 보완적인 방법이 필요합니다.

Q. 핵융합로의 안전성은 어떻게 담보할 수 있을까요?

A. 핵융합에너지의 핵심은 본질적으로 안전하다는 것입니다. 즉, ITER 시설에서는 제어력을 잃을 일이 없고, 사용되는 수소 가스는 2g 이하입니다. 사용되는 연료의 양이 매우 적고, 에너지를 저장하지도 않습니다. 에너지의 흐름만 있는 것입니다. 따라서 기능과 관련한 수치에서 예기치 못한 변수가 나타나는 경우 이 에너지 흐름은 자연적으로 멈추게 됩니다. 따라서 수소 핵융합 발전의 위험은 거의 0에 가깝다고 할 수 있습니다. 물론 연료 중 하나인 삼중수소 등 약간의 방사능을 가진 물질이 활용되긴 합니다. 삼중수소는 방사성 기체이지만 그 방사능은 굉장히 낮은 수준이고 현존하는 원전에서 나오는 핵폐기물에 비하면 그 위험도는 아무것도 아니라고 할 수 있습니다. 그래서 안전성은 사회의 기대 수준을 완전히 충족할 것이라고 매우 확신하고 있습니다.

Q. 핵융합에너지를 상용화하기 위해 필요한 제도와 규제는 무엇인가요?

A. 삼중수소에서 나오는 방사선이 있습니다. 이러한 유형의 시설은 원자력 규제 당국의 통제를 받아야 합니다. 엑스레이나 방사선을 발생시키는 특수한 장비를 가지고 있는 병원과 같은 방식으로 말이죠.

하지만 안전이 최우선이죠. 수소 핵융합에서 우리가 예상할 수 있는 최악의 사고는 핵융합 시설에 불이 나는 경우입니다. 화재가 발생하더라도 시설 운영자가 없는 ITER 현장에서는 사람들은 위험에 처하지 않습니다. 그래서 저는 더 많은 사람들이 수소 핵융합 발전에 큰 이익이 있다는 것을 아는 것이 매우 중요하다고 생각합니다.

Q. **핵융합발전소는 규모가 매우 커서 ITER처럼 한 국가가 건설하긴 어려울 것이란 의견도 있습니다. 이런 견해에 대해 어떻게 생각하시나요?**

A. 저도 그렇게 믿습니다. ITER 회원국들의 각 에너지 수요는 매우 커서 하나의 발전소보다 여러 개의 발전소를 필요로 할 것입니다. 그래서 저는 ITER이 개발되고 임무를 완수하게 되면 각국이 또 다른 핵융합 시설을 건설하기 위해 협력할 것이라고 믿습니다. 예를 들어 한국이 그 시설들의 부품 일부를 제조하는 등 세계 시장에 기여할 수 있는 기회를 잡을 수도 있습니다.

산업 저탄소화를
구현할 기술

철강 · 시멘트 · 석유화학 산업과 순환경제

한국의 산업 부문 온실가스 배출량은 국가 전체 배출량의 약 38%에 달한다. 산업통상자원부 · 한국에너지공단에 따르면 2019년 기준 산업 부문 전체 온실가스 배출량에서 가장 큰 비중을 차지한 업종은 철강 · 시멘트 산업(38.3%)이었다. 화학 · 정유 산업이 30.8%, 반도체 · 디스플레이 등 전자기기 제조업이 7.5%로 뒤를 이었다. 실질적인 탄소중립을 위해서는 이들 산업의 저탄소화가 시급하다.

단일 업종으로 이산화탄소 배출량이 가장 많은 분야는 철강 산업이다. 세계철강협회WSA에 따르면 철강 1t을 생산하는 데 평균 이산화탄소 1.85t이 배출되는 것으로 나타났다. 제철 과정에서 직접 배출된 이산화탄소의 양만 2020년 기준 총 18억 6,000만t으로, 이는 전 세계 이산화탄소 배출량의 7~9% 수준으로 집계됐다.

철(Fe)은 쉽게 산화하는 성질이 있어 자연적으로는 산화철(Fe$_2$O$_3$) 상태로 존재한다. 산화철을 원료로 철강을 생산하기 위해서는 우선 산화철에서 산소를 떼어내는 환원 반응을 인공적으로 일으켜야 한다. 이때 사용되는 것이 환원제다. 그동안은 제철소 내 석탄화력 발전설비에서 전력을 생산하는 과정에서 발생하는 일산화탄소(CO)를 환원제로 사용해왔다. 이 때문에 산화철의 환원 반응의 결과물로 철뿐만 아니라 일산화탄소에 산소가 결합한 이산화탄소가 필연적으로 발생했다.

국내의 경우 철강 산업의 이산화탄소 배출량은 1억 1,700만t(2019년 기준)으로 국내 전체 배출량의 16.7%를 차지했다. 전 세계 평균(7~9%)보다 높은 셈이다. 이에 2021년 2월 국내 철강업계 대표기업인 포스코, 현대제철, 동국제강, KG동부제철, 세아제강, 심팩 6개사는 〈2050 탄소중립 공동선언문〉에 서명하고 국내 산업계 최초로 탄소중립에 적극 동참한다는 의지를 공식 표명했다. 철강업계의 2050년 탄소중립 논의를 위한 산학연관 협의체인 '그린철강위원회'도 출범했다.

이런 가운데 철강 산업의 탈탄소화를 이끌 기술 중 하나로 '수소환원제철'이 주목받고 있다. 산화철의 환원제로 일산화탄소 대신 수소(H$_2$)를 사용해 철강을 생산하는 것이다. 환원제로 수소를 사용하면 환원 반응의 결과물로 철과 물(H$_2$O)이 생성된다. 따라서 직접적인 이산화탄소 배출이 없다. 다만 수소환원제철을 위해서는 용광로(고로)를 전기로로 바꿔야 해서 전력 수요는 이전보다 더 증가하는 반면, 전력과 환원제(일산화탄소)를 생산했던 석탄화력 발전설비가 사라져 100% 외부에서 전력과 수소를 공급해야 한다. 기술을 확보하더라도 그만큼 비용이 많이 들고, 안정적인 전력과 청정수소 공급 체계가 확보되지 않으면 철강 생산이 불가능하다.

포스코는 수년 전부터 환원제의 일부를 수소로 사용하는 새로운 제철공정인 '파이넥스FINEX'를 개발해 이산화탄소 배출을 줄여왔다. 파이넥스는 가루 형태의 철광석과 석탄을 고로에 넣지 않고 유동환원로와 용융로라는 설비로 쇳물을 생산한다. 이는 수소환원제철 구현에 가장 근접한 핵심 기술이라고 할 수 있다. 파이넥스는 공정에서 발생하는 수소와 일산화탄소를 각각 25%와 75%씩 환원제로 사용한다.

수소환원제철은 세계적으로도 본격적인 상용화 시기를 2050년 전후로 보고 있는 초기 기술이다. 스웨덴의 철강회사 SSAB는 2021년 수소환원제철 상용화를 위한 민관 합동 '하이브리트HYBRIT' 프로젝트를 통해 세계 최초로 화석연료 없이 생산한 철강을 글로벌 자동차회사 볼보 그룹에 납품했다. SSAB의 그린철강은 볼보의 로드 캐리어 차종에 적용됐다. SSAB 측은 2021년 10월 "2022년에는 더 많은 차종과 기계에 쓸 수 있는 다양한 그린철

철강을 생산하는 기존의 고로조업과 수소환원제철 공정 비교

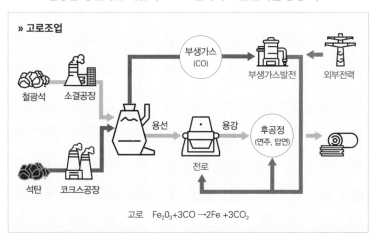

» 고로조업

철광석　소결공장　석탄　코크스공장　용선　전로　용강　후공정(연주, 압연)　부생가스(CO)　부생가스발전　외부전력

고로　$Fe_2O_3 + 3CO \rightarrow 2Fe + 3CO_2$

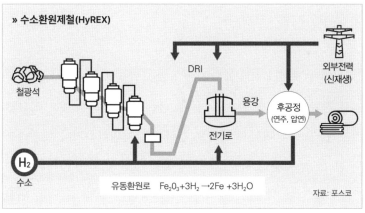

» 수소환원제철(HyREX)

철광석　DRI　외부전력(신재생)　전기로　용강　후공정(연주, 압연)　H_2　수소

유동환원로　$Fe_2O_3 + 3H_2 \rightarrow 2Fe + 3H_2O$

자료: 포스코

강 제품을 내놓을 것"이라고 밝혔다.

　　다만 SSAB가 수소환원제철 기술을 적용한 플랜트는 기술 실증용으로 연간 생산량이 100만t밖에 되지 않는다. 한국철강협회에 따르면 한국은 1년에 생산하는 철강(조강)의 양이 약 7,000만t

으로 생산량 기준 세계 6위다. 2019년 기준 철강 생산량 1~5위는 중국과 인도, 일본, 미국, 러시아 순이었다. 한국도 산업통상자원부를 중심으로 2030년까지 100만t급 실증 플랜트를 구축해 수소환원제철 기술을 시험하는 것을 목표로 하고 있다.

수소환원제철 외에도 고로에 CCUS를 접목해 공기 대신 산소를 넣어 연·원료 소비효율을 개선하는 기술과 스크랩·더스트·슬러지·플라스틱 등 폐자원을 고로나 전로, 전기로에서 다량 사용하는 철강기술도 활발히 개발되고 있다. 특히 호주는 폐타이어 재활용으로 전기로 에너지를 철강 생산량 1t당 430MJ씩 감축하는 성과를 거두기도 했다.

시멘트 산업과 석유화학 산업은 화석연료와 석유에서 얻는 원료를 친환경 바이오 연료와 바이오 소재로 대체하는 것을 목표로 하고 있다. 공정에서 발생하는 부산물을 자원화하거나 폐플라스틱 등 한 번 사용한 자원을 재활용하는 것도 중요하다. 특히 단순 재활용을 넘어 새로운 부가 가치를 창출하는 업사이클링을 위한 다양한 기술이 개발되고 있다.

과학기술정보통신부 산하 한국에너지기술연구원에 따르면 세계 시멘트 생산량은 2019년 기준 41억t으로, 시멘트 산업의 온실가스 배출량은 전 세계 배출량의 3.7%(CO_2는 5%)를 차지한다. 한국의 시멘트 생산량은 약 5,000만t(세계 11위), 국내 시멘트 산업의 온실가스 배출량은 2019년 기준 3,900만t으로 국내 배출량의

5.6%를 차지한다. 역시 세계 평균보다 높다.

시멘트의 생산 과정은 이렇다. 주원료인 자연 상태의 석회석을 채취해서 잘게 부순 다음 점토, 철광석, 규석 등 부원료와 함께 균일하게 섞는다. 그리고 1450도의 고온으로 가열해 반제품인 클링커를 만든 뒤 이를 냉각하고 응결지연제인 석고를 첨가해 분쇄하면 시멘트가 된다. 공정이 고온의 연료 연소를 포함하고 있어 시멘트 생산 과정에서 다량의 이산화탄소가 발생한다.

시멘트 산업의 온실가스 저감을 위해 주요국은 이산화탄소가 발생하지 않는 비탄산염 원료 사용, 순환연료 대체, 혼합재 함량 증대, 신규 혼합재 개발, 친환경 열원 사용 등을 추진 중이다. 시멘트 혼합재란 시멘트와 혼합해 콘크리트와 같은 시멘트 조성물을 구성하기 위한 재료를 말한다. 비탄산염 원료에는 제철소 고로에서 나오는 철강 슬래그, 석탄재, 소각재 등이 있다. 이들 원료의 활용도를 높이면 높일수록 이산화탄소 발생이 줄어들게 된다.

특히 비탄산염 원료 사용은 공정에서 직접 배출되는 이산화탄소를 줄일 수 있을 뿐만 아니라 클링커 소성(고체가 외부에서 탄성 한계 이상의 힘을 받아 형태가 바뀐 뒤 그 힘이 없어져도 본래의 모양으로 돌아가지 않는 성질) 온도를 낮춰 연료 연소에 의한 이산화탄소 배출 감축에도 기여할 수 있다. 세계적으로 클링커 소성 열원으로 바이오매스 사용을 확대하고 있고, 수소 연소도 향후 온실가스 감축을 위한 하나의 방법으로 검토되고 있다.

CCUS와 연계해 포집한 이산화탄소를 흡수시켜 만드는 시멘트·콘크리트 제조 기술은 이산화탄소 저장 수단으로 주목받고 있다. 캐나다 카비크리트CarbiCrete는 시멘트 대신 철강 슬래그와 산업부산물을 이용해 콘크리트 혼합물을 만들고 여기에 다른 산업에서 회수한 이산화탄소를 주입해 굳히는 방법으로 콘크리트 블록을 만든다. 시멘트 생산 과정에서 배출되는 이산화탄소가 없을 뿐만 아니라 오히려 이산화탄소를 가둬둘 수 있는 '탄소 제거 콘크리트'인 셈이다. 캐나다 카본큐어 기술도 이산화탄소를 모아 콘크리트 제조에 활용한다. 시멘트를 적게 사용하면서도 콘크리트 강도를 높이는 기술로 주목받고 있다.

석유화학 산업은 석유 정제를 통해 얻는 나프타에 의존적인 원료 구조를 바이오매스, 폐플라스틱, 부생자원으로 대체하기 위한 연구가 활발하게 이뤄지고 있다. 대표적인 것이 바이오 나프타와 바이오 나일론, 바이오 폴리에스터, 바이오 폴리올레핀 등이다. 바이오매스를 액화, 가스화 또는 유효성분으로 분획해 석유자원을 대체할 수 있는 원료로 만들고 고부가 소재로 업사이클링하는 기술이다. 폐플라스틱을 석유화학 원료로 환류하거나 업사이클링하는 기술, 부생가스나 메탄 등을 고부가 화합물로 전환하는 기술도 필요하다.

유럽연합은 'Horizon 2020' 프로그램을 통해 바이오매스 확보, 바이오리파이너리Bio-refinery, 시장·제품·정책 개발 중심으로 투자하고 있으며 2030년까지 석유 기반 화합물의 30%를 바이오매스 기반 바이오화합물로 대체하겠다는 목표를 세웠다. 미국도 에너지부DOE의 '바이오매스 프로그램'을 통해 바이오리파이너리를 지원하고 있으며 다른 정부 기관, 산업계 등과 제휴를 기본으로 프로젝트를 추진 중이다. 바이오리파이너리는 석유 정제를 통해 생산했던 휘발유, 경유 같은 연료와 플라스틱, 섬유 등 화학제품을 바이오매스 정제로 대체 생산하는 것을 말한다.

다만 현재 개발된 바이오매스 전환 공정은 특정 바이오매스 종류에 국한되고, 바이오매스 공급체계와의 연계성이 부족해 석유 기반 원료를 완전히 대체하긴 어려운 상황이다. 또 기존 석유화학플랜트를 활용해 단순히 원료를 대체해서 해결될 수 있는 게 아니고, 새로운 설비를 개발해야 하는 만큼 경제성이 떨어진다는 점도 걸림돌로 작용하고 있다. LG화학, 롯데케미칼 등 국내 석유화학 기업들은 탄소중립을 선언하며 RE100Renewable Electricity 100% 추진과 설비·공정 개선, 친환경 제품 개발 등 분야에 투자를 확대하고 있지만 철강·시멘트 산업과 마찬가지로 정부 주도의 적극적인 지원과 투자가 필요하다는 게 전문가들의 진단이다.

청정에너지를 연계한 공정 전기화, 에너지 효율화 등도 산업 부문 저탄소화의 핵심적인 축이다. 예컨대 제철소 용광로를 전기로로 바꾸고, 클링커 소성 온도를 낮추는 것 등이 여기에 포함된다. 다만 공정에서 온실가스인 불화가스(SF_6)와 이산화질소(NO_2)를 배출하는 반도체·디스플레이 산업의 경우에는 이미 제조공정이 자동화돼 있고 그동안 에너지 효율 개선 역시 진전시켰기 때문에 전기화·효율화로는 탄소 감축이 어려운 실정이다.

실제로 한국의 경우 공정가스 배출 제어기술이 세계 최고 수준이다. 그래서 이들 전자산업 분야에서는 친환경 공정가스 대체·전환 기술, 사물인터넷IoT 기반 그린 스마트 팩토리 고도화 기술, 저전력 소자·패널 기술 등이 탄소 감축 수단으로 주목받고 있다. 온실가스 저감 효과를 입증하기 위한 온실가스 인증 측정기술도 중요하다. 일례로 3M, ABB, 제너럴일렉트로닉스GE 등 글로벌 회사들은 불화가스를 대체하기 위한 다양한 대체가스와 이를 이용한 전력기기 개발을 추진 중이다.

저전력 메모리 반도체의 탄소 감축 효과는 매우 크다. 천문학적으로 쌓이는 데이터를 처리하는 데 어마어마한 전력이 필요하기 때문이다. 특히 정보기술IT 강국으로 꼽히는 한국은 전 세계에서 가장 빠르게 전력 수요가 증가하는 국가 중 하나다. 2050 탄소중립위원회 추산에 따르면 2050년 국내 전력수요는 1,200테라와트시(TWh, 1TWh=10억Wh)로 2021년(510TWh)의 2배 이상으로 급증할 전망이다.

저전력 메모리 반도체의 일종인 SSD(Solid State Drive)는 낸드플래시에 데이터를 저장하는 장치로 전원이 꺼져도 저장한 정보가 사라지지 않는다. SSD는 HDDHard Disk Drive에 비해 성능이 뛰어나면서 소비전력은 절반 수준으로 낮다. 삼성전자에 따르면, 전 세계 데이터센터의 HDD를 삼성전자의 최신 SSD로 교체하고 서버용 DRAM도 DDR5로 교체하면 연간 총 7TWh 전력량을 절약할 수 있는 것으로 나타났다. 이는 미국 뉴욕 주에 거주하는 전체 가구가 4개월 동안 사용할 수 있는 전력량이다.

청정수소 'Power to X' 기술

산업 부문의 저탄소화를 이끌 핵심 기술 중 하나가 바로 청정수소 기술이다. 수소는 운송이나 산업 목적을 위한 연료로 직접 사용할 수도 있고 암모니아, 메탄올 같은 합성연료e-fuel(청정수소와 포집한 이산화탄소를 합성해 만드는 청정연료)나 화학물질, 산업 재료 등으로 전환해 활용할 수도 있다.

수소는 생산 방식과 친환경성 정도에 따라 '그레이수소', '블루수소', '그린수소'로 나뉜다. 천연가스의 주성분인 메탄과 고온의 수증기가 촉매 화학반응을 통해 그레이수소와 이산화탄소를 만들어내는데, 수소 1kg를 생산할 때마다 이산화탄소 10kg이 배출된다. 블루수소는 생산 과정은 그레이수소와 동일하지만, 발생하는 이산화탄소를 포집·저장해 탄소 순배출이 없도록 만드는 것을 말한다.

그린수소는 재생에너지를 이용해 생산한 전력으로 물을 전기분해해 생산하는 수소로 완전한 청정수소라고 할 수 있다. 물(H_2O)은 전기분해하면 수소(H_2)와 산소(O_2)가 된다. 아직까지는 세계적으로 대부분 그레이수소로 생산되지만 향후에는 블루수소와 그린수소의 비중이 점점 더 커질 것으로 전망되고 있다. 최근에는 온실가스와 대기오염물질 배출이 없는 원자력발전을 통해 얻은 전력으로 물을 전기분해해서 생산하는 '원자력 청정수소'도 새로운 대안으로 떠오르고 있다.

전 세계 그린수소 시장은 2021년 4억 4,420만 달러에서 연평균 58%씩 증가해 2024년에는 43억 7,340만 달러에 이를 것으로 전망된다. 글로벌 시장조사기관 마켓샌드마켓츠에 따르면 글로벌 그린수소 시장의 가치 사슬value chain은 에너지원, 원료, 제조공정, 판매·유통, 적용 분야로 구성된다. 에너지원은 그린수소 전체 가치 사슬의 가장 큰 부분(55%)을 차지하고, 그린수소 처리에 사용되는 원료는 물과 전극이다. 제조공정은 전체 시장의 약 30%를, 유통은 약 15%를 차지한다.

수水전해 방식으로 청정수소를 생산하고 이를 다양한 에너지·산업 부문에 활용하기 위한 기술은 'Power to X(P2X)'로 통칭한다. '수소 경제'와 유사한 개념이다. P2X에서 X는 무엇이든 될 수 있다. 청정에너지로부터 얻는 잉여전력을 가스 형태로 변환하는 'Power to Gas(P2G)', 청정수소와 포집한 이산화탄소 반응을 통해 액체형 합성연료를 합성하는 'Power to Liquid(P2L)', 수소로 메탄올, 암모니아 등 화학소재를 생산하는 'Power to Chemicals(P2C)', 재생에너지로부터 얻은 전력을 열에너지로 전환한 'Power to Heat(P2H)' 등이다.

항공, 선박, 장거리 트럭과 같은 대형 운송과 철강·시멘트 제조, 화학공업에는 고에너지 밀도의 연료나 강력한 열이 필요하기 때문에 전기화를 통한 탈탄소화가 매우 어렵다. P2L을 활용하면 이런 한계를 극복할 수 있다. 화석연료 대신 액체형 합성연료를 사용하면 연료를 생산하는 과정에서 포집한 이산화탄소를 자원화하는 효과가 있고, 화석연료 대비 온실가스 배출량을 획기적으로 줄일 수 있다. 산업구조 전환 중간 단계에 필요한 완충 기술인 셈이다.

P2G 기술은 약 1TWh수준의 대용량 전력을 최대 4개월(약 1,000시간)까지 장기간 저장할 수 있게 해 준다. 또 가스 형태의 에너지 전환율이 70%에 이르기 때문에 시간, 장소 등 외부 환경 변동성에 취약한 친환경 신재생에너지의 저장과 활용에 적합하다. P2X 프로젝트를 선도해온 독일은 현재 전력의 40%를 풍력, 태양광 등 재생에너지로 공급하고 있고(2018년 기준), 2030년까지 재생에너지 비율을 65%까지 확대할 계획을 갖고 있어 P2G 기술을 활용한 안정적인 전력 저장·공급 시스템 구축에 열을 올리고 있다.

독일은 2020년 발표한 〈독일 국가 수소전략Nationale Wasserstoffstrategie〉에 따라 수소 시장 확대를 위해 70억 유로, 수소 확보를 위한 글로벌 파트너십 구축에 20억 유로를 투자하기로 했다. 자국 내 수소 생산설비는 2030년까지 총 5GW 규모로 구축할 예정이다. 이를 토대로 운송, 생산, 인프라, 산업 탈탄소화, 난방 등 분야에서 지속 가능한 수소 생산과 소비를 촉진한다는 계획이다. 독일의 수소 및 연료전지 기술 국가 혁신 프로그램National Inovation Program Hydrogen and Fuel Cel Technology, NIP은 2025년까지 독일 수소연료전지 산업의 시장 경쟁력 제고를 목표로 교통수단, 연료 공급 인프라 등을 지원하고 있다.

덴마크 남서부 유틀란트반도 서부 연안에 위치한 항구도시 에스비에르는 '유럽의 그린수소 허브'로 불린다. 이곳에는 2024년 세계 최대 규모인 1GW급 그린수소 생산 플랜트가 들어설 예정이다. 'H₂ 에너지 유럽 프로젝트'가 성공적으로 추진되면 약 2년 뒤부터는 이곳에서 연간 9만t에 달하는 산업·운송용 그린수소를 생산할 수 있게 된다. 이뿐만이 아니다. 덴마크 에너지기후유틸리티부에 따르면 현재 덴마크 곳곳에서는 20여 개의 'P2X 프로젝트'가 동시다발적으로 추진되고 있다.

주목할 점은 이들 프로젝트가 기술을 단순히 개발하는 데 목적이 있는 게 아니라 민간기업 중심의 컨소시엄을 토대로 기술 실증과 상용화, 수출까지 아우르고 있다는 점이다. P2X 프로젝트와 맞물린 가치 사슬을 이루는 덴마크 기업만 70여 곳에 이른다. 이를 토대로 2030년까지 그린수소 생산을 위한 수전해 플랜트 설비 용량을 총 6GW까지 확충한다는 방침이다.

덴마크 코펜하겐 남서부 교외 지역인 아우에되레에 2030년까

덴마크 그린수소 상용화 프로젝트

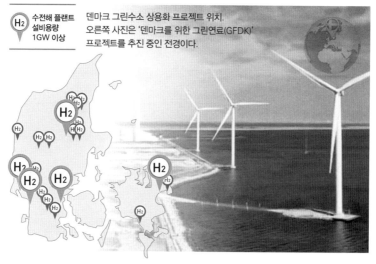

덴마크 그린수소 상용화 프로젝트 위치.
오른쪽 사진은 '덴마크를 위한 그린연료(GFDK)'
프로젝트를 추진 중인 전경이다.

H₂ 수전해 플랜트
설비용량
1GW 이상

사진: 오스테드, 자료: 덴마크 기후에너지유틸리티부

지 1.3GW급 수전해플랜트를 구축하는 '덴마크를 위한 그린연료 Green Fuels for Denmark, GFDK' 프로젝트가 향후 코펜하겐 공항에서 소비되는 항공유의 30%를 그린수소나 합성연료로 대체할 수 있을 것으로 보고 있다. GFDK 프로젝트에는 세계 최대 규모의 해상풍력 개발기업인 덴마크 오스테드와 코펜하겐 공항, 덴마크의 글로벌 운송·에너지 그룹 AP 몰러 머스크 등이 참여한다.

P2X 프로젝트 가운데 상당수는 국제 프로젝트로 추진돼 글로벌 파트너십을 다지는 한편, 해외 수요까지 반영해 시장성을 더욱 높였다. 실제로 H₂ 에너지 유럽 프로젝트에는 현대자동차 스위스 수소에너지기업 H₂ 에너지, 싱가포르 다국적 무역회사 트라피구

라_{Trafigura} 등이 참여하고 있다.

덴마크가 2033년까지 북해와 발트해에 각각 건설하는 세계 최초의 인공에너지섬도 마찬가지다. 인공섬에서 해상풍력으로 생산한 전력을 육지로 보내거나 선박에 직접 공급하는 구상인데 2개 섬의 발전설비용량이 총 12GW, 유럽 내 최대 1,200만 가구에 전력을 공급할 수 있는 수준이다. 인공에너지섬을 토대로 자국 내 에너지 수요(7GW)를 넘어 에너지 순수출국으로 거듭난다는 계획이다.

이처럼 R&D 프로젝트가 시장 진입을 전제로 하다 보니 공공자금 외에 민간 투자도 활발히 이뤄지고 있다. 일례로 최근 새롭게 조성된 '덴마크 투자 펀드_{DIF}'는 전체 결성액의 3분의 1에 해당하는 170억 크로네(약 10조 7,700억 원)를 P2X 같은 그린수소 상용화 프로젝트에 집중 투자한다. 덴마크 정부가 최근 발표한 P2X 전략에는 해외 투자 유치 방안도 포함됐다.

탄소 포집·저장·활용_{CCUS}에 거는 기대

탄소 포집·저장·활용_{Carbon Capture Usage Storage, CCUS} 기술은 이산화탄소 배출원에서 탄소를 바로 제거하는 포집 기술과 이를 격리해 저장하는 기술, 그리고 포집한 탄소를 재활용하는 기술을 통틀어 일컫는다. DAC 기술과 유사하지만 작동원리와 사용처, 기후변화에 미치는 영향에서 약간의 차이점이 있다.

미국의회조사국에 따르면 CCUS는 석탄발전소, 화학공장 등 이산화탄소가 꾸준히 발생하는 곳에 설치돼 공기 중에 배출되는 것을 미리 막는 기술이다. 반면 DAC는 이미 배출된 탄소를 공기 중에서 포집하는 기술이다. 대기 중 이산화탄소는 균질하게 존재하기 때문에 DAC는 포집한 탄소를 저장할 수 있는 공간만 확보했다면 어느 곳에나 설치될 수 있다.

조사국은 CCUS가 DAC보다 성숙한 기술이라고 평가한다. 다만, 두 기술 모두 많은 자본과 에너지를 필요로 하고, 그 산물인 이산화탄소의 공급에 비해 수요가 현재 매우 부족한 상황이기 때문에 수익성 역시 낮은 상황이다. CCUS가 처음 대두됐을 때 일각에서는 이 기술이 자칫 탄소를 감축시키는 노력을 게을리 할 수 있는 명분으로 작용할 수 있다는 지적이 나왔다. 특히 DAC의 경우 대기 중에 매우 희박하게 존재하는 이산화탄소를 포집하기 위해 매우 많은 양의 공기를 이동시켜야 해 에너지가 과도하게 사용돼야 한다는 비판도 일었다. 그럼에도 IEA와 같은 기관은 세계가 2050년까지 탄소중립을 달성하기 위해 CCUS 기술이 필수적일 것으로 분석한다. 구체적으로 IEA는 〈2070년 글로벌 탄소중립 시나리오〉에서 CCUS 기술의 기여도가 총 감축량의 15%에 달할 것으로 내다봤으며 포집된 이산화탄소는 저장 분야에서 90%, 활용 분야에서 10% 처리될 것으로 예측했다. 유럽연합은 〈2050 탄소중립 시나리오〉에서 기여도를 총 감축량의 27%로 예상했다. 포집된 이산화탄소는 50%가 저장되고 50%는 활용될 것으로 내다 봤다.

경제성 역시 개선되고 있다. CCUS는 근본적으로 탄소를 배출하는 비용이 비싸지면 경제성을 확보할 수밖에 없다. 탄소 1t을 배출하는 비용이 제거하는 비용보다 저렴하다면 경제주체들은 탄소를 그냥 배출할 수도 있다. 미국의 선도적인 DAC 기업 카본엔지니어링Carbon Engineering에 따르면 현재 이 회사가 탄소 1t을 포집함으로써 창출하는 수익은 260달러 수준이다. 비용은 그 이하로 유추할 수 있다. 국내 관련부처가 합동으로 2021년 6월 발표한 바에 따르면 현재 이산화탄소를 포집하는 데 드는 비용은 t당 60~70달러 선이다. 정부는 이를 2030년까지 30달러, 2050년까지 20달러 이하로 낮추는 것이 목표다.

특히 탄소를 배출할 수 있는 권리를 의미하는 탄소배출권의 가격은 천정부지로 치솟고 있다. 기술이 확산하면서 탄소를 포집하는 데 들어가는 비용이 줄어들고, 탄소배출권의 가격이 감소해 비용을 넘는 순간 경제주체들은 탄소를 배출하기보다 포집한 권리를 사들이는 편이 더욱 경제적이라는 생각을 하게 될 것이다.

카본엔지니어링뿐만 아니라 서로 다른 특장점을 지닌 세계 DAC 기업들은 글로벌 기업과 개인 투자자들의 러브콜을 받고 있다. 스위스의 클라임웍스는 가장 처음 DAC 기술을 상용화하였고 흡착 필터를 이용한 공기 흡입방식을 내세워 2020년 7500만 달러의 투자를 받았다. 카본엔지니어링은 설립 초기부터 '규모'에 초점을 두고 만들어진 기업이다. 또 포집한 이산화탄소를 연료로 활용하는 방법에도 많은 관심을 두고 연구를 진행하고 있다.

이미 미국과 유럽에서는 기업들이 이러한 DAC 기업들로부터 탄소배출상쇄권Carbon Offset Credit을 사들이는 자발적 탄소시장Voluntary Carbon Market이 형성되고 있다. DAC 기업이 미래에 제공할 수 있는 배출권을 사겠다고 기업간 계약 형태로 약속했다. 카본엔지니어링뿐만 아니라 스위스 클라임웍스 등 많은 DAC 기업들이 아직 완공도 되지 않은 공장에서 미래에 생산될 탄소배출상쇄권 수만을 몬트리올 은행BOM, 에어버스, 쇼피파이 기업에 판매했다. 글로벌 석유 회사인 옥시덴탈페트롤리움은 DAC 기업인 1PointFive를 인수해 직접상쇄권을 판매하고 있으며, 시장에는 일종의 도매상인 '애그리게이터'까지 생기고 있는 상황이다.

기본적으로 CCUS 및 DAC 기술은 이산화탄소를 포집해 저장 또는 활용하는 과정을 거친다. 탄소를 포집하는 방식에는 습식, 건식, 분리막 세 가지가 있다.

한국에너지기술연구원에 따르면 습식 포집기술은 이산화탄소가 액체와 접촉했을 때 기체의 용해도 차이를 활용하거나 액상 흡수제와 이산화탄소 사이 산-염기중화 반응을 활용해 기체 내 포함된 이산화탄소를 액체 쪽으로 분리하는 기술이다.

건식 포집기술은 연소배가스에 포함된 이산화탄소를 고체 입자를 이용해 선택적으로 포집하는 기술이다. 연소배가스는 연료가 공기와 함께 연소할 때 연료 중에 포함된 유황, 질소, 탄소 등이 산화되고 황·질소산화물, 이산화탄소 등의 형태로 다른 연소 배출가스와 함께 대기 중에 방출되는 것이다.

분리막 포집기술은 연소 전·후 과정에서 CO_2를 선택적으로 투과시키는 분리막을 이용해 이산화탄소를 포집하는 기술이다.

이산화탄소 저장은 두 기술 모두에서 매우 중요하다. 적절한 저장소만 있으면 CCUS 및 DAC 기술이 어디에나 설치될 수 있다. 저장은 크게 지중저장방식, 해양저장방식으로 나뉜다.

지중저장방식은 육상이나 해저에 존재하는 적합한 지층에 초임계 형태(물질의 온도와 압력이 임계점을 넘어 액체와 기체를 구분할 수 없는 상태가 된 유체)의 이산화탄소를 주입해 저장하는 기술이다. 유전, 가스전, 대염수층, 채광할 수 없는 석탄층에 저장하기 때문에 기존에 발견·개발된 장소들이 많이 존재한다는 것이 장점이다. 특히 대염수층은 해수보다 더 높은 염분농도로 채워진 다공질의 암석을 의미하는데, 전 세계 대부분의 지역에 존재하고 저장 공간도 커 가장 경제성 있는 기술로 평가받는다.

해양저장방식은 1,000~3,000m 해저에 기체 또는 액체 상태의 이산화탄소를 직접 분사해 저장하는 기술이지만 해양생태계 파괴 및 해양환경 위해성 문제로 런던 협약에 따라 현재 적용이 불가능하다.

전 세계적으로 노르웨이, 호주, 미국이 이산화탄소 저장 실증 연구를 선도하고 있다. 노르웨이는 포집된 이산화탄소를 선박·

파이프라인을 통해 수송해 북해 해저 3,000m에 저장하는 '롱십 Longship 프로젝트'와 북해 해역에서 천연가스를 생산하며 추출되는 이산화탄소를 해저 대염수층에 저장하는 '슬라이프너Sleipner 프로젝트'를 1996년부터 진행해 누적 2,000만t 이상의 이산화탄소를 저장했다. 호주는 2016년부터 현재까지 전 세계에서 가장 큰 규모(예상 1억 2,000만t)의 CCS 프로젝트 '고르곤Gorgon 프로젝트'를 진행 중이다. 일본도 해저 1,100m 사암층과 해저 2,500m 화산쇄설층에 이산화탄소를 저장하는 '도마코마이Tomakomai 프로젝트'를 시행하고 누적 30만t의 이산화탄소를 저장했다.

한국에너지기술연구원은 2021년 1분기 〈CCUS 심층 투자 분석 보고서〉에서 한국의 CCUS 기술 수준이 선도국가 대비 약 80% 수준이라고 평가했다. 포집 분야에서는 85%, 활용에서는 80%, 저장에서는 75% 수준으로 평가됐다. 저장 분야의 기술 격차가 특히 컸는데, 이는 포항 CCS 현장 실증 프로젝트가 중단되면서 CO_2 지중저장 관련 연구들이 중단 또는 축소됐기 때문이라고 분석했다. 현재 과거 대비 연구비 총액은 감소하고 있는 추세에 있으며 경제성 확보 논리에 의해 다양한 기술 개발이 시도되지 못하고 있는 실정이다. 구체적으로 저장소를 탐사 · 확보하지 못하고 있으며 독자기술도 보유하고 있지 못하다는 지적이다. CCUS 선진국에서는 연간 300만t 이상의 대규모 CCS 실증 프로젝트가 진행 · 건설 중이지만 한국은 영일만 해상 플랫폼에서 100t 시험 주입을 수행하는 소규모 실증 연구단계에 있다. 저장소를 확보했다고 해도 가장 큰 비용이 소요되는 이산화탄소 주입관련 기술과 저장소 모니터링 기술의 경우 실증 경험이 전무한 상황이다.

한국도 손을 놓고 있는 것은 아니다. 2021년 4월에는 산업통상부가 CCUS 기술 개발과 상용화를 위해 민관 합동 'K-CCUS 추진단'을 발족한 바 있다. 추진단은 포집, 저장, 활용 분야별로 상용화가 가능한 기술을 확보하는 것으로 목표로 하고 있다. 포집기술은 철강, 시멘트, 석유화학, 수소, LNG 발전 등 주요 산업에서 2024년까지 상용 규모 포집 기술을 확보하는 것이 목표다. 저장기술은 안전성이 확보된 동해가스전을 활용해 중규모 통합실증사업을 실시하고 2025년부터 CO_2 총 1,200만t(연간 40만t급)을 처리하는 기술을 고도화할 계획이다.

한국에서도 CCUS, DAC 기술에서 많은 발전이 있으려면 우선 이 기술들을 적용함으로써 온실가스가 얼마나 감축될 수 있는지를 객관적으로 평가·인증할 수 있는 방법론이 확립돼야 한다. 체계가 확립되면 감축 결과가 탄소배출권으로 연계돼 민간 기업에 더 원활하게 경제적 유인으로 작용할 수 있다. 또 초기 시장에서 민간 기업의 CCUS 기술 투자를 유인할 수 있는 경제적 인센티브 지원제도도 구축할 필요가 있다.

더그 레이
카본엔지니어링 부사장

카본엔지니어링이 말하는
탄소포집 기술의 전망

카본엔지니어링CE은 대기에서 직접 이산화탄소를 포집하는 DAC 기술을 상용화한 캐나다 기업이다. 스위스의 클라임웍스, 미국의 글로벌서모스탯Global Thermostat과 같은 경쟁사 대비 포집하는 탄소의 규모가 크고, 포집 탄소를 연료로 재활용하는 방법까지 개발하고 있다는 특징이 있다. 2021년 말에는 쇼피파이, BMO와 같은 글로벌 기업들이 CE를 통해 1,000t 가량의 탄소상쇄배출권을 선구매해 화제를 모았다.

빌 게이츠를 비롯해 셰브론, 옥시덴탈페트롤리움 등 다수의 투자자들로부터 투자를 유치하기도 했다. 더그 레이 사업개발 담당 부사장으로부터 CE가 그리는 탄소포집ccs 기술의 미래에 대해 들어 봤다. CE가 아시아지역 언론과 처음으로 진행한 인터뷰다.

Q. 스위스의 클라임웍스, 미국의 글로벌서모스탯 등 다른 DAC 프로젝트와 카본엔지니어링이 다른 점은 무엇인가요? 가장 큰 경쟁력이 있다면 무엇일까요?

A. 카본엔지니어링이 경쟁사와 다른 점은 처음부터 비용 대비 효율이 뛰어난 CCS 기술을 대규모로 제공하는 데 중점을 두고 설립됐다는 겁니다. 기후변화 문제의 규모를 생각해보면 실제로 큰 영향을 줄 수 있는 직접포집 기기를 어떻게 만들 수 있을까요? 세계는 매년 40Gt의 이산화탄소를 배출하고 있어요. 카본엔지니어링의 설립자인 데이비드 키스 하버드대학교 교수는 기후변화에서 유의미한 일을 하기 위해선 대규모의 시설을 설치해야 한다는 것을 알고 있었어요. 우리는 1년 당 메가톤(Mt)에서 시작했죠. 이것이 바로 회사의 토대이며, 창업 초기부터 우리가 전념해 온 부분입니다.

Q. 대규모 CCS 시설을 만드는 것이 왜 힘든가요?

A. 기후에 큰 영향을 미치는 이산화탄소가 대기 중에 매우 희박하게 존재하기 때문입니다. 대기 중 이산화탄소는 400ppm에 불과합니다. 400t의 이산화탄소를 포획하기 위해서는 적어도 100만t의 공기를 이동시켜야 한다는 의미죠. 그 이산화탄소를

흡수하기 위해서는 많은 공기를 제거해야 합니다. 따라서 비용 효율이 뛰어난 방법을 찾는 것은 엔지니어링 상의 큰 과제입니다. 그리고 그게 정말 중요한 부분이에요.

Q. 이 문제를 어떻게 해결하셨나요?

A. 프로세스 디자인으로 문제를 해결했습니다. 우리 프로세스에서는 우선 업계 선례가 있는 기기의 유닛을 사용합니다. 오늘날 업계에서 사용되는 것과 반드시 동일한 것은 아닙니다만 비슷한 장비를 사용해서 우리가 공급망을 활용할 수 있는 기업들이 있습니다. 두 번째는 탄소를 포집할 때 액체를 사용한다는 것입니다. 액체의 장점은 공장을 크게 만들수록 규모의 경제를 높일 수 있다는 점입니다. 화학 플랜트나 정유 공장 같은 대규모 시설을 생각해 보시면 됩니다. 따라서 이러한 유형의 프로세스는 대규모 구축에 매우 적합합니다.

Q. 비즈니스 모델에 대해 설명해주세요.

A. 카본엔지니어링의 비즈니스 모델은 우리 기술을 전 세계 지역 개발 파트너에게 라이선스하는 것입니다. 그들은 우리의 시설을 건설하고 운영합니다. 이 모델이 중요한 건 우리가 파트너들과 함께 최대한 신속하고 광범위하게 기술을 도입할 수 있다는 점입니다. 거대한 기후 문제에 의미 있는 영향을 줄 수 있습니다. 이 모델의 또 다른 장점은 많은 양질의 일자리와 현지

자재 및 장비에 대한 수요를 창출하고, 배출량을 대폭 감축할
수 있다는 점입니다.

Q. 카본엔지니어링의 고객은 어떤 기업들인가요?

A. 가장 진행상황이 빠른 고객은 미국에 있습니다. 우리는 옥시
덴탈페트롤리움(옥시)의 자회사인 1PointFive와 협력하고 있습
니다. 이 회사는 미국에서 카본엔지니어링의 기술을 라이선스
하고 있습니다. '프론트 엔드 엔지니어링 및 디자인'이라고 불
리는 단계의 끝자락에 와 있고, 우리는 연간 100만t에 이르는
플랜트 설계의 최종 단계에 있습니다. 1PointFive 대표의 말을
들어보면 2022년에 착공해 2024년에 가동될 것으로 예상됩니
다. 그밖에도 영국에서 스토레가Storegga라는 파트너와 함께 프
로젝트를 진행하고 있습니다. 노르웨이에서도 프로젝트를 진
행하고 있습니다. 캐나다에서는 탄소직접포집과 이를 기반으
로 한 연료 생성 프로젝트를 진행하고 있습니다. 저희가 발표
한 게 네 개이며 아직 발표하지 않은 세계 여러 지역도 살펴보
고 있습니다.

Q. CCS 시장의 규모는 얼마나 커질 것으로 예상하시나요?

A. 장기적으로 세계가 탄소중립을 달성하는 데 필요한 정도를 보
면 이산화탄소 제거가 많이 이루어져야 할 것으로 보고 있습
니다. 물론 배출량을 줄이는 것이 최우선 사항이지만요. 대략

5~10Gt의 이산화탄소 제거가 필요할 것으로 예상됩니다. 직접포집도 그런 기술 중 하나입니다. 따라서 탄소중립을 달성하기 위한 시장은 매우 거대합니다. 그리고 탄소중립에 도달하고 난 이후에라도 대기 중 이산화탄소 농도가 얼마나 높은지에 따라 이산화탄소를 더 제거해 농도를 다시 안전한 수준으로 낮출지 고민해볼 수 있겠죠.

Q. 탄소를 포집하는 데 드는 비용은 얼마인가요? 얼마나 더 저렴해질 것으로 보시나요?

A. 기술 라이선스 계약자로서 비용 정보는 기밀입니다. 하지만 포집시설들의 수익 모델에서 유추할 수 있습니다. 카본엔지니어링 기술을 활용한 최초의 직접 포집 공장은 미국에 있습니다. 1t당 약 260달러의 수익을 창출할 것으로 예상하고 있습니다. 이것은 캘리포니아를 비롯해 기후 분야에서 앞선 주들의 정책에 따른 것입니다. 캘리포니아의 저탄소 연료 기준은 톤당 200달러 수준에 형성돼 있죠. 탄소 격리에 따른 세금 공제를 다루고 있는 연방 45Q 법안에 따르면 공제액은 톤(t)당 35달러입니다. 강화된 오일 회수(3차 회수)의 경우, CO_2 1t당 약 25달러의 수익을 낼 수 있습니다.

Q. 가격을 더 낮추려면 어떤 것들이 필요할까요?

A. 우리의 연구개발 역량을 통해 가격을 빠르게 절감할 자신이

있습니다. 캐나다 혁신 연구 센터에서 기술을 연구하고 개발하고 있습니다. 전 세계에 여러 대의 시설을 도입하면 그로부터 얻어질 학습 효과에 의해서도 가격절감은 이뤄질 것입니다. 태양광이나 태양광 발전 등 다른 기술 산업과 마찬가지로 비용 절감 속도는 도입 속도에 따라 가속화될 것으로 예상하기 때문입니다. 이러한 이유로 오늘날 직접탄소포집 기기의 도입을 외치고 있는 것이죠. 이제 이 기술은 대규모로 도입할 수 있습니다. 그러나 신속하고 안정적으로 배치해 기후 문제를 해결하고 비용을 최대한 빨리 절감하기 위해선 강력한 정책 지원이 필요합니다. 따라서 모든 기후 관련 기술처럼 명확하고 긍정적인 정책을 개발해 이러한 목표들을 조정하고 북돋우는 것이 기술을 확산시키는 데 가장 중요합니다.

Q. 이때까지 얼마나 많은 탄소배출 크레딧을 선판매 하셨나요?

A. 2021년 쇼피파이Shopify가 10,000t을 사전 구매했다고 발표했습니다. 2021년 가을 BMO는 영구 이산화탄소 배출 크레딧을 1,000t 선매입했습니다. 또 다른 많은 기업이나 애그리게이터aggregator가 크레딧을 선구매하겠다고 약속하고 있습니다. 애그리게이터는 우리에게서 크레딧을 구입해 다른 기업에 재판매하는 기업입니다. 카본엔지니어링은 개발자들을 지원하고 자발적인 거래 시장의 발전을 목표로 사전 구매 프로그램을 만들었습니다. 이를 통해 소비자가 플랜트 개발자로부터 직접

크레딧을 구매하거나 애그리게이터가 조직에 판매하는 등 시장에 탄력과 경로가 만들어집니다. 거래에 수반되는 가격은 공개되지 않았지만, 당사는 매우 비용 효율적인 해법을 제공한다고 할 수 있습니다.

Q. CCS 시설을 설치하는 데 주민 반대 등 어려움이 있지는 않았나요?

A. 이 기술의 장점 중 하나는 이산화탄소가 대기 중에 균질하게 분포돼 있기 때문에 위치가 중요하지 않다는 것입니다. 포집 기기를 배치하는 가장 좋은 장소는 이산화탄소를 지하 깊은 곳에 안전하게 보관할 수 있는 장소와 가까운 곳입니다. 첫 번째 방법은 이산화탄소를 원래 있던 장소로 되돌려 보내는 것입니다. 석유와 천연가스를 수백만 년 동안 안전하게 저장해온 누층에 액체 형태로 이산화탄소를 저장하는 것입니다. 하지만 이 누층은 구멍이 많이 뚫린 암석으로 이뤄져 있습니다. 고등학교 교과서에서 볼 수 있는 큰 동굴이 아닙니다. 액체화된 이산화탄소는 불침투성 암석층에 의해 밀봉됩니다. 매우 안전하고 장기적으로 저장될 수 있습니다. 이러한 지형은 세계적으로 석유 및 가스 산업에 의해 매우 잘 발견돼 있죠.

두 번째 방법은 액체 이산화탄소를 그보다 더 깊은 식염수 누층Saline formation에 저장하는 겁니다. 이 누층은 염도가 매우 높은 물을 오일이나 가스 저장소처럼 지하 깊은 암석에 저장하는 곳입니다. 이러한 누층을 발견하기 시작했습니다. 미국의 옥시는 40년 이상의 운영 경험을 갖고 안전하고 영구적인 이산화탄소 저장소를 찾을 수 있습니다. 정부는 이산화탄소를 고립시킬 수 있는 장소를 찾는 데 매우 중요한 역할을 한다고 생각합니다. 안전한 저장소를 탐색 및 발견하는 것을 지원하고 영구 저장에 필요한 매우 엄격한 기준을 준수하는지 검증하는 규제 기관 역할을 수행하는 것이 중요합니다.

Q. 일각에서는 CCS 기술이 더 많은 재생에너지를 사용한다는 비판도 나오는데요.

A. 앞서 말했듯 시설이 위치 독립적이고 거의 모든 곳에 위치할 수 있다는 것은 이 기술의 큰 장점입니다. 이는 우리가 가장 합리적인 장소에 공장을 지을 수 있다는 것을 의미합니다. 예를 들어 재생 에너지로 전력을 공급할 수 있는 위치, 기술 또는 이산화탄소를 영구적으로 저장할 수 있는 적절한 지질 저장 장소가 있는 외딴 장소라도 가능합니다. 이산화탄소 제거는 하나의 부가적인 수단입니다. 포집 설비에 전기를 공급할 때 다른 곳에 사용되지 않는 전기를 사용한다거나 온실가스를 배출하지 않는 방법으로 하려고 하고 있습니다. 이를 실현하기 위해서는 유연성과 시스템을 운영하는 방식이 중요합니다. 저탄소 에너지원이 풍부한 장소가 우리의 시스템을 운영하기에 적합합니다. 다른 장소에서는 다른 형태의 기술을 사용할 수도 있습니다. 우리는 각 시설이 어디에 지어졌느냐에 따라 다

양한 에너지 믹스에 적용할 수 있는 기술을 개발했습니다. 우리는 각지 개발 파트너들과 함께 일하고 있으며 장비를 설치하기에 가장 적합한 위치를 선정합니다.

Q. 한국도 CCS 설치를 위한 적합한 장소가 될 수 있을까요?

A. 직접 채취 및 지층 저장을 할 경우 저장 장소에 가장 가까운 곳이 가장 좋은 장소입니다. 이산화탄소를 멀리까지 운반할 필요가 없죠. CCUS 또는 CCS의 과제 중 하나는 대부분의 공장이 이미 어딘가에 있다는 것입니다. 이산화탄소를 트럭이나 철도 또는 파이프라인을 통해 저장 시설로 운송해야 할 수 있습니다. 직접포집은 이러한 문제를 피할 수 있어 합리적인 구축이 가능합니다. 한국도 탄소를 격리시킬 수 있는 잠재 공간이 있다면 가능합니다.

레온 패런트
그린라이온 대표

그린라이온의 성장요인은
배터리 재활용에 있다

레온 패런트Leon Farrant는 싱가포르 기반 스타트업 그린라이온Green Li-ion의 최고경영자다. 그린라이온은 폐리튬이온배터리에서 부가가치가 높은 양극재를 재활용하는 기술을 보유하고 있다. 높은 기술력을 인정받아 이미 상용화에 성공했으며, SK가 인수한 전기전자 폐기물 기업 TES 등으로부터 매출이 발생하고 있다. 최근 국내 임팩트 벤처캐피탈 인비저닝파트너스의 투자를 받기도 했다. 성공적으로 제품과 기술을 상용화한 C테크 스타트업 대표인 그에게 C테크 스타트업이 성장하기 위해 어떤 환경이 필요할지 조언을 들었다.

Q. 그린라이온이 무엇을 하는 회사인지 간략히 소개해주실 수 있나요? 비즈니스 모델이 어떻게 되나요?

A. 그린라이온은 리튬이온배터리의 순환 경제 솔루션이 되기 위해 노력하고 있습니다. 우리는 리튬이온배터리를 처리하는 한 쌍의 기계로 이루어진 하드웨어를 만듭니다. 리튬이온배터리 스크랩이나 이미 사용된 리튬이온배터리를 블랙 매스_{Black Mass}라고 불리는 분말 형태로 부수는 기계죠. 이는 배터리 소재로 사용 가능한 양극재와 음극재로 재생산합니다. 하루에 2tMT, 메트릭톤의 블랙 매스를 처리할 수 있습니다. 애플 아이폰 8의 5만 6,000개에 해당하는 양이죠. 또 우리는 리튬이온배터리로 바로 돌아갈 수 있는 물질을 생산합니다. 배터리의 뇌라고 할 수 있는 양극재와 음극재 말이죠. 우리는 현재 이 일을 특정 시간 안에 할 수 있는 유일한 기업입니다. GLMC-1은 집 한 채 크기, 무게 150t 정도입니다. 어떤 종류의 리튬이온배터리도 재생할 수 있습니다. 현재 시장에 나와 있는 6가지 종류의 리튬이온배터리를 모두 처리할 수 있습니다. 다양한 종류의 니켈·코발트·망간 배터리 양극재도 생산할 수 있습니다. 우리는 기술을 개발하고 고객에게 기술 사용권을 부여합니다. 이익을 공유하는 라이선스 모델을 사용하죠. 선불로 요금을 지불받고, 기기를 제작해 고객이 원하는 장소로 전달하고, 그곳에서 생산합니다. 그런 다음 우리가 생산하는 양극재의 일정 비율에 해당하는 라이선스 수수료를 수익 분배 형식으로 가져

갑니다. 기기 수명 기간 동안 현장에서 당사 엔지니어를 파견해 기계 작동을 돕기도 합니다. 우리는 리튬·인산·철 배터리를 재활용하거나 재생시키는 또 다른 기기도 보유하고 있습니다. 이 배터리는 현재 널리 사용되는데 기존 방식으로는 재활용이 매우 어렵습니다.

Q. 라이선스의 경우 장치의 소유권은 여전히 그린라이온에게 있는 건가요?

A. 네, 소유권은 저희 몫입니다. 그게 IP를 보호하는 방법이라고 할 수 있습니다. 저희는 기본적으로 리튬이온배터리 재활용 업체와 제휴하여 고객의 수익성을 향상시키려 합니다. 우리 기계는 양극재, 양극활물질, 전구체의 생산에 따른 수익성을 4배에서 10배까지 끌어올릴 수 있습니다. 이렇게 배터리 재활용의 수익성을 높이는 것이 우리가 풀고자 하는 문제죠. 모든 폐배터리를 수거하고, 채굴 의존도를 줄이고, 매립 양을 줄일 수 있을 겁니다.

Q. 리튬이온배터리를 재활용하는 것이 왜 중요한가요?

A. 여러 가지 이유가 있는데, 가장 중요한 건 이 전지들이 가연성이라는 겁니다. 그리고 소재 물질들과 전해질이 땅으로 유출될 수 있기 때문에 이를 그냥 버리는 것은 문제가 됩니다. 배터리가 포함하고 있는 이 물질들이 한정된 부존량을 가지고

있고, 그 중 일부는 짧으면 25년 안에 고갈됩니다. 이 물질들을 채굴하는 것은 환경에 해롭기도 합니다. 때때로 사회적으로 무책임한 방법으로 채굴되기 때문에 단지 땅에서 그것들을 추출하는 것은 환경 이상의 영향을 미칩니다. 콩고민주공화국에서 주로 채굴되는 코발트와 같은 원자재는 광부들의 연령에 대한 규제가 없어 어린이들이 많이 채굴합니다. 그래서 앞으로는 채굴에 의존하지 않고 지구에 더 큰 피해를 주지 않도록 근본적으로 재활용해야 한다고 생각합니다.

Q. 주요 고객들의 프로필을 대략적으로 알려주실 수 있나요?

A. 우리의 고객들의 프로필은 일반적으로 두 부류입니다. 현재 리튬이온배터리를 재활용하는 기업들이 있습니다. 폐리튬이온배터리를 수거하는 OEM이나 수거 업체들은 공장의 수익성을 높이려 할 것입니다. 최근 매출이 높아지고 있는 또 다른 고객 프로필은 리튬이온배터리 제조업체 입니다. 제조업체들의 제품 라인에서 나오는 폐배터리의 양은 각각 다릅니다. 우리는 세계 최대의 배터리 제조업체 중 한 곳과 함께 하고 있습니다. 그들은 친환경 솔루션을 생산라인에 도입해 폐기물을 수거합니다. SK가 얼마 전에 인수한 테스TES도 우리 고객 중 하나입니다. TES는 전 세계에 40개 이상의 서비스 시설을 보유하고 있습니다. 최근 해당 기업에 기계 한 대를 판매했고 고객의 기대에 부응하는 수준 높은 최종생산물을 계속해서 만들

어 낼 수 있기를 기대합니다. 그러면 다른 여러 사업 지역에서
도 우리의 기계를 도입할 수 있을 것입니다.

Q. 시장이 성장함에 따라 고객군도 성장할 것으로 보십니까?

A. 네, 그럼요. 시장은 확실히 빠르게 성장하고 있습니다. 휴대용
에너지 저장 장치에 대한 의존도가 점점 높아지고 있습니다.
가전제품도 그렇고요. 여기에 전기차가 시장에 물결처럼 들어
오는 것을 목격했습니다. 2040년이 되면 이 영역이 폐배터리
공급원의 대부분을 차지하게 될 것으로 보입니다.

**Q. 세계 배터리 재활용 시장이 얼마나 크다고 생각하시는지 궁금합니
다. 현재 규모는 어느 정도이며 앞으로 얼마나 될 것 같습니까?**

A. 확실히 매우 빠르게 성장하고 있어요. 현재 가전제품용 폐리
튬이온배터리 시장 규모는 약 38억 달러로 예상됩니다. 물론
ESS 배터리와 같은 일부 더 큰 에너지 저장 장치도 있지요.
2030년에는 시장이 거의 200억 달러, 2040년에는 1,000억 달
러 이상이 될 것으로 예상됩니다. 시장이 정말 빠르게 성장하
고 있다는 것을 알 수 있습니다. 환경 문제를 넘어 수익성이 좋
은 산업입니다.

**Q. 정부 규제가 그린라이온이 비즈니스를 확장하는 데 방해가 됐던
경험이 있나요?**

A. 정부의 정책은 실제로 어떤 식으로든 규제한다기보다 시장을 확장시키는 데 도움을 줍니다. 현재 싱가포르, 유럽 등 여러 나라에서는 모두 비슷한 법제를 가지고 있는 것으로 알고 있는데요. 바로 OEM 기업들이 배터리를 재활용해야 한다는 것입니다. 생산자책임재활용EPR이나, 수명 규정 등을 적용하는 거죠. 더 유리하게 작용할 법률도 입법 진행 중입니다. 유럽연합 국가들 중 일부는 배터리 제조업체들이 재활용 자재를 사용해야 한다고 규정하고 있습니다. 이는 사업과 시장을 더 견고히 해 줍니다. 제도가 우리 사업을 어렵게 한다기보다는 그 반대로 돕고 있습니다.

Q. 고객들이 그린라이온의 제품과 서비스를 더욱 많이 사용하도록 하는 환경은 무엇인가요?

A. 싱가포르는 기후 영향과 탄소 영향을 줄이기 위해 노력하고 있습니다. 그린라이온에게 긍정적인 환경입니다. 그린라이온이 잠재력이 높은 이유는 100% 완결한 순환 루프를 구현하고 있으며, 탄소 배출량이 매우 적기 때문입니다. 공식적인 탄소 중립 솔루션으로 등록하게 되면 탄소배출권 거래 방식으로도 고려할 수 있을 것으로 기대합니다. 투자자와 고객에게 이를 증명할 수 있도록 라이프사이클 분석lifecycle analysis도 실행하고 있습니다.

Q. 투자자를 찾는 주된 방법은 무엇인가요? C테크 스타트업들이 더 크고 더 빨리 상품화되기 위해 어떤 기회가 주어져야 할까요?

A. 전통적인 방식으로 투자자들을 만났죠. 몇몇 투자자들은 다른 투자자들로부터 소개받았는데, 초기에 우리를 믿어준 분들이 계셨어요. 몇 년 전만해도 그린라이온도 콜드콜cold call 등 적극적으로 투자자들에게 접근했어요. 모든 전통적인 형식으로 투자자들을 만난 거죠. 하지만 정말 긍정적인 것은 C테크에 대한 관심이 증가하고 있다는 점입니다. C테크 영역의 투자자들도 많이 늘어서 이제 우리 주변에서 좀 더 수월하게 만날 수 있죠. 개인적으로 싱가포르에는 아직까지는 많다고 체감하긴 어려워서 앞으로 싱가포르 청정 기술 생태계가 좀 더 번창할 수 있기를 바랍니다. 아마 한국을 비롯한 다른 시장에서 관심도가 좀 더 높은 것 같습니다. 실제 그린라이온이 한국의 여러 기관이나 기업, 유럽, 미국 등으로부터 투자를 받고 있는 것처럼요.

Q. C테크가 시장에서 상업화되기 위해 가장 중요한 것은 무엇이라고 생각합니까?

A. 원자력과 다른 재생 에너지 형태에 돌파구가 마련되어야 한다고 생각합니다. 우리가 시도하고 있는 배터리는 에너지 전환을 돕는 매개체로서 매우 중요한 역할을 한다고 생각합니다. 전지를 사용하고 전기차를 사용하는 등 탄소 발자국을 줄이기

위한 움직임은 더 깨끗한 발전원이 있을 때에만 가치가 있습니다. 분야에서 빠른 혁신이 이루어지길 바랍니다.

Q. 한국 독자들에게 전하고 싶은 말이 있으신가요?

A. 한국이 배터리 재활용을 매우 심각하게 받아들이고 있다는 것을 여러분 모두가 아실 것이라 생각합니다. 외부인의 관점에서 한국은 이 분야에서 굉장히 노력하고 있고, 예상컨대 많은 나라보다 폐리튬이온배터리를 수거하는 일을 훨씬 더 잘 하고 있을 것입니다. 또한 다른 나라들보다 배터리 물질들의 가치를 훨씬 더 잘 이해하고 있다고 생각합니다. 투자자들과 고객들을 통해 한국과 건실한 신뢰관계를 구축하게 돼 매우 영광이라고 생각합니다.

탄소중립을 위한
모빌리티 및 디지털 기술

탄소중립을 실현하기 위해서는 에너지 생산부터 소비까지 배출되는 이산화탄소의 양을 줄이거나 없애고, 탄소를 포집하는 방안이 일반적이다. 하지만 이 같은 직접적인 이산화탄소 절감 외에도 에너지 효율을 높여서 에너지 소비량 전체를 줄이는 것도 중요한 대안이다.

2021년 9월 영국 전력 도매 시장에서 거래된 전기요금은 426파운드(약 70만 원)를 초과했다. 2020년 평균 가격보다 10배, 2021년 초보다 4배 치솟은 수치다. 스페인에선 1년 새 전기요금이 3배나 급증했다. 두 국가뿐 아니라 독일과 프랑스를 포함해 유럽 전역이 전기 요금 폭탄을 맞았다. 이유는 한 가지다. 갑자기 유럽 지역에서 바람이 적게 불면서 풍력발전이 타격을 받았기 때문이다. 유럽의 전기요금 폭등 사태는 단순히 재생에너지로 전환뿐 아니라 에너지 효율을 높이고 에너지 소비를 절감하는 방안이 얼마나 중요한지 시사한다. 에너지 절감 없는 탄소 감축 정책은 절름발이다. 탄소중립 시대를 앞당기기 위해 국제 사회가 에너지 효율화와 에너지 소비 절감에 더 많은 노력을 기울여야 한다.

모든 사람이 스마트폰에서 애플리케이션(앱)으로 생활을 영위하는 시대에서 디지털 플랫폼은 에너지 효율화와 에너지 소비 절감에 긍정적인 영향을 줄 수 있다. 혹자는 단순히 디지털 플랫폼 기술이 스마트폰을 통한 생활양식을 확대해 탄소중립에 악영향을 끼친다고 주장하기도 한다. 하지만 이는 사실이 아니다. 메타버스나 블록체인처럼 서비스 구현과 관리에 막대한 전력이나 반도체 등이 소요되는 기술도 있지만 기본적으로 플랫폼은 오프라인과 온라인을 연결해 자원의 효율적인 배분이 가능하기 때문이다. 플랫폼은 에너지의 효율적인 배분을 촉진하고 손쉽게 에너지 소비를 줄일 수 있도록 돕는 등 긍정적인 영향이 더 크다고 볼 수 있다.

수소 같은 대체 에너지 자원을 활용하고 내연기관을 탈피해 전기화가 진행되고 있는 모빌리티 기술과 결합하면 플랫폼의 효과는 더욱 명확해진다. 모바일 내비게이션이 고도화되면서 사람들은 교통 체증의 고통에 덜 노출되게 되었다. 우버(한국에선 우티), 카카오 T, 타다, 쏘카 등 모바일 앱을 통해 부르는 호출은 수요와 공급을 실시간 연결해 상당량의 탄소배출을 절감한다. 모빌리티 플랫폼 기술의 발전은 차량공유, 승차공유 같은 공유경제를 활성화해 자동차 수를 줄이는 효과도 있다고 분석된다. 자동차가 일종의 인공지능 기반 모바일 기기가 되어 다른 자동차와 교신, 소통하며 주행하는 자율주행 시대가 되다면 도로 상에서 배출되는 이산화탄소의 양은 더욱 줄어들 수 있다. 자율주행 기술 발전으로 더 이상 차의 소유가 필수가 아닌 기호 행위가 될 거라는 미래 전망도 심심치 않게 접할 수 있다.

플랫폼과 탄소절감 궁합이 잘 맞는 모빌리티 기술은 그 자체로 가장 직접적인 탄소 절감 기술로 꼽힌다. 앞서 말한 대체 에너지 자원 활용, 내연기관의 전기화는 단순히 차에만 국한된 게 아니다. 선박과 항공 분야에서도 경로 최적화부터 청정 연료 개발, 전기화까지 탄소를 줄이기 위한 노력이 다방면으로 진행되고 있다.

테슬라가 촉발한 전기차 개발 경쟁

전기차는 온실가스 배출을 줄이는 가장 대표적인 기술로 꼽힌다. C테크의 상당수가 개발 중이거나 상용화 이전 기술인 반면, 전기차는 이미 상용화가 빠르게 진행되고 있는 영역이다.

전기차의 상용화가 빠르게 진행되는 것은 그만큼 도로 상에서 배출되는 온실가스 배출량이 크기 때문이다. 운송 분야는 현재 전 세계 온실가스 배출량의 4분의 1 수준을 차지해 탄소 절감의 중요성이 크다. 1990년 이후 71%나 증가하는 등 배출량 증가 속도도 빠르다. 이 때문에 세계 각국에서는 전기차로 전환한 보조금

지급 등 다양한 수단을 강구하고 있다.

내연기관을 완전히 대체하는 세상이 오려면 갈 길이 멀다. IEA에 따르면 2020 기준 전기차의 판매량은 전체 자동차 판매량 (6,520만 대)의 4.6%에 불과하다. 도로 상에 있는 전체 차량(화물차 제외 13억 대) 가운데 전기차는 약 1%를 차지하는 데 그친다.

그러나 미국 테슬라 같은 전기차 혁신 선두주자뿐 아니라 전통 자동차 제조사까지 모두 뛰어들며 치열한 경쟁을 벌이고 있어 전기차 시장은 급속도로 커질 것으로 전망된다. 한국자동차연구원에 따르면 2021년 1월부터 9월까지 전 세계에서 판매된 전기차는 총 301만 2,579대를 기록했다. 처음으로 연간 판매량 300만 대를 넘어섰다.

향후 자동차 산업은 전기차 혹은 수소차 경쟁에서 수소차도 넓은 범위에서 수소연료전지를 기반으로 하는 전기차라고 할 수 있다. 기성 자동차 업계 모두가 전기차 경쟁에 뛰어든 것은 이 때문이다.

현재까지 전기차 업계 선두는 미국 테슬라가 차지하고 있다. 테슬라는 2003년 창립된 전기차 제조사로, 초기 투자자이자 공동 창립자인 일론 머스크가 대표를 맡고 있다.

전기차 선두주자인 테슬라의 경쟁력은 단순히 전기차 하드웨어 기술만 따라간다고 따라잡을 수 없다. 테슬라의 기술 경쟁력은 소프트웨어와 하드웨어의 통합에서 나온다. 테슬라는 자동차의 뇌에 해당하는 전자제어장치Electronic Control Unit, ECU, 자체 운영체제os, 직접 설계하는 핵심 반도체 칩 등에서 후발주자보다 우수한 경쟁력을 확보한 것으로 평가받고 있다. 기존 자동차 회사들은 전기차의 충전 속도나 주행 거리 측면에서 따라잡아도 여전히 테슬라의 벽을 넘지 못하는 원인으로 꼽힌다.

ECU는 자동차의 엔진, 자동 변속기 등의 상태를 컴퓨터로 제어하는 전자 제어장치다. 테슬라는 자사 전기차에 통합 ECU를 사용한다. 테슬라의 전기차는 중앙의 통합제어장치 몇 개만으로 차량 기능을 모두 제어한다. 반면 경쟁사의 제품은 차량의 부위별로 ECU가 탑재돼 각각 움직인다. 예를 들어 테슬라의 '모델3'의 경우 대부분의 기능을 5개의 전자제어유닛이 담당한다. 경쟁사의 전기차는 적게는 30~40개, 많게는 70~100개 정도의 ECU가 쓰인다.

이는 시스템 최적화나 효율성 같은 통합제어의 이점뿐 아니라 생산비에서도 큰 격차를 벌인다. 자동차 한 대에 들어가는 반도체를 비약적으로 줄일 수 있기 때문이다. 최근 몇 년 동안 반도체 공급난이 심해졌음에도 불구하고 유독 테슬라만이 제품 생산에 큰 차질을 빚지 않았다.

테슬라는 ECU뿐 아니라 핵심 반도체 칩과 자체 운영체제os까지 개발한다. 완전한 통합 전자제어 시스템을 구현하려면 OS와 반도체까지 모두 직접 손을 대는 것이 필수적이다. 테슬라는 소프트웨어와 하드웨어가 통합된 자체 전자제어 플랫폼을 구현함으로

써 경쟁사보다 쉽게 성능을 높일 수 있는 환경을 만들었다. 반면 대부분의 자동차 제조사의 경우 차량 기능의 제어부터 분산돼 있다 보니 운영체제도 기능별로 나눠져 있다. 납품 기업에게 하드웨어 부품별로 소프트웨어까지 맡기는 경우가 많다. 신속하게 마음대로 제품을 업그레이드하는 데 테슬라보다 불리한 환경에 놓여 있다는 의미다. 자동차의 개발 환경이 소프트웨어 업데이트만으로 하드웨어 기능을 상당 부분 향상시킬 수 있게 되면서 테슬라가 가진 강점이 더욱 부각되고 있다. 스마트폰으로 비유하자면 테슬라는 애플형 모델에 가깝다. 하드웨어 기술력은 삼성전자가 월등하지만 자체 OS와 직접 설계한 핵심 반도체를 앞세운 애플이 소프트웨어 분야에서 최적화 경쟁력으로 앞섰다는 평가를 받는 것과 같다.

테슬라의 전기차가 타사 전기차 대비 항속거리가 우수하다는 평가를 받는 이유도 전기차에 최적화된 플랫폼을 구축했기 때문이다. 테슬라는 처음부터 전기차를 위해 설계된 플랫폼에 하드웨어부터 소프트웨어까지 한 몸으로 융합돼 효율성을 높일 수 있었다.

테슬라가 전기차 경쟁에서 가장 앞서 있지만, 기존 자동차 업체나 다른 혁신 기업들의 추격도 무시할 수 없다. 후발주자들도 빠른 속도로 격차를 줄여나가고 있기 때문이다.

현재 판매량을 기준으로 가장 빠르게 테슬라를 추격하고 있는 전통 자동차 제조사는 독일 폭스바겐이다. 폭스바겐은 2030년까지 신차 중 전기차의 비중을 50%로 확대할 계획이다. 2040년까지 주요 시장 내 모든 신차의 탄소배출을 제로로 한다는 목표도 세웠다. 늦어도 2050년까지 완전한 탄소중립을 달성하겠다고 발표했다. 이를 위해 2022년부터 5년 간 북미에 71억 달러를 투자해 전기차와 부품 생산을 확충한다. 2030년까지 자사 배터리 수요의 80%를 자체적으로 충족할 계획을 세웠다. 총 240GWh의 생산능력을 갖춘 배터리 공장 6곳을 유럽 전역에 세울 예정이다.

하드웨어뿐 아니라 2025년까지 그룹 내 모든 자동차에 적용할 수 있는 소프트웨어 플랫폼을 개발할 계획이다. 폭스바겐은 2021년 7월 '뉴 오토' 전략을 발표하며 소프트웨어 기반 모빌리티 회사로 탈바꿈하겠다고 선언했다. 테슬라와 같이 전기차 경쟁력을 강화하고 스마트카 또는 자율주행 시대에 대비하려면 통합 소프트웨어 플랫폼이 필수라고 판단한 것으로 분석된다. 헤르베르트 디스 폭스바겐그룹 최고경영자는 발표 당시 "전기차 시장에서 선두주자가 되기 위한 전략적 목표를 세웠으며, 본 궤도에 오르고 있다"고 자신하기도 했다.

또 다른 독일 자동차 제조사 BMW그룹도 2022년 3월 미래 전략 발표를 통해 2025년까지 누적 200만 대 이상의 순수 전기차를 판매할 것이라고 선언했다. 2030년 이전에 전 세계 판매량에서 전기차의 비중을 50%로 올릴 계획이다. 2030년까지 연간 순수 전기차 판매량을 150만 대 이상으로 늘리고, 누적 1,000만 대의 순수 전기차를 판매하는 것을 목표로 제시했다.

미국 제너럴모터스GM도 전기차 시장을 장악하려는 야심찬 목표를 세우고 있다. GM은 2025년까지 전기차와 자율주행차에 350억 달러(약 41조 9,000억 원)를 투자해 연 100만 대의 전기차를 팔겠다는 계획을 발표했다. 2035년에는 100% 전기차만 생산하겠다는 비전도 제시했다. 전기차 배터리 시장 선두 제조사 LG에너지솔루션과 합작법인 '얼티엄셀즈Ultium Cells'를 설립해 배터리를 직접 생산하는 역량을 갖추는 등 전기차 경쟁력을 강화하고 있다. 메리 배라 최고경영자는 2021년 10월 투자자 행사에서 테슬라를 누르고 미국 전기차 시장 점유율 선두에 오르겠다고 선언하기도 했다.

한국도 전기차 시장 공략을 가속화하고 있다. 현대자동차는 2022년 3월 'CEO 인베스터 데이CEO Investor Day'에서 2030년 17종 이상의 전기차 라인업을 구축하고, 글로벌 시장에서 전기차 187만 대를 판매하겠다는 전동화 목표를 공개했다. 2021년 총 14만 대를 기록한 전기차 판매 대수를 5년 내 6배, 10년 내 13배 이상으로 확대하겠다는 것이다. 현대차는 2030년 목표 달성 시 전 세계 전기차 시장에서 7%의 점유율을 차지할 것으로 전망했다. 이를 위해 2030년까지 12조원을 투자해 커넥티비티connectivity, 자율주행을 포함한 전사적인 소프트웨어 역량을 강화한다.

전기차 시장 경쟁에서 중국 자동차 제조사도 빼놓을 수 없다. 상하이자동차그룹, BYD 같은 중국 자동차 제조사들은 막대한 자국 시장을 바탕으로 동남아와 유럽으로 시장을 확대하고 있다. 방대한 자국 시장 외에도 중국은 배터리 원자재 매장량이 풍부하고, 세계 최대 배터리 제조사 CATL_{Contemporary Amperex Technology}을 보유하고 있어 저렴하게 전기차를 생산할 수 있는 역량을 갖춘 것으로 평가받는다. 일본 〈니혼게이자이신문〉이 각국 관세청 자료를 종합한 결과에 따르면, 중국은 2021년 총 49만 9,573대의 전기차를 수출했다. 전년 대비 260% 증가한 수치다. 같은 기간 독일은 23만 대, 미국은 11만 대, 한국은 15만 4,000대, 일본은 2만 7,400대의 전기차를 수출했다. 중국의 전기차 수출량에는 미국 테슬라의 상하이 공장 생산량인 10만 대가 포함된 것을 감안해야 한다. 이를 제외하더라도 독일과 미국의 수출량을 더한 것보다 많다. 실제로 중국 상하이자동차는 이미 태국 전기차 시장의 50%를 점유하고 있으며, BYD도 프랑스, 이스라엘, 노르웨이 등 해외에서 전기차를 판매하고 있다. 또 다른 중국 전기차 업체 니오도 2021년 북유럽 시장에 진출했으며, 2022년에는 독일과 네덜란드 같은 유럽 시장으로 공략을 확대한다.

기성 자동차 제조사뿐 아니라 스타트업들도 '제2의 테슬라'를 꿈꾸며 시장에 진입하고 있다. 자동차 업계가 화석 연료 기반의 내연기관 자동차와 전기차 혁신 사이에서 머뭇거릴 때, 전기차 스타트업들은 처음부터 전기차를 위한 혁신에만 몰두하며 시장에서 영향력을 확대하고 있었다. 루시드모터스_{Lucid Motors}, 리비안_{Rivian Automotive}, 피스커 같은 미국 전기차 기업과 중국 자동차 업체 니오가 대표적인 전기차 스타트업으로 꼽힌다.

루시드모터스는 2007년 테슬라 창립 멤버들이 모여 설립한 미국 전기차 제조사다. 버나드 체Bernard Tse 테슬라 전 부사장과 오라클 출신 샘 웽Sam Weng이 창업했다. 현재 주요 구성원도 테슬라 출신이 다수를 차지한다. 최고경영자와 최고기술책임자를 겸직하는 피터 롤린슨Peter Rawlinson은 테슬라 수석 엔지니어 출신으로 '모델S'를 설계한 것으로 유명하다. 주요 임원 19명 가운데 8명이 테슬라 출신이다.

루시드는 스타트업이지만 벤츠 같은 고급 자동차 브랜드를 주요 경쟁상대로 삼고 럭셔리 전기차 브랜드 전략을 추진하고 있다. 첫 양산 제품인 럭셔리 세단 '루시드 에어'가 대표적이다. 루시드 에어는 2020년 9월 온라인에 공개된 뒤 2021년 하반기부터 고객 인도를 시작했다. 가격은 6만 9,000달러(약 7,786만 원)부터 16만 1,500달러(약 1억 8,225만 원) 사이다. 루시드는 현재 생산능력을 늘리기 위해 증설을 진행하고 있다. 이를 통해 연간 3만 4,000만 대에서 9만 대 수준의 양산체계를 구축할 것으로 전망된다. 향후에는 스포츠유틸리티차량suv 등 라인업 확대를 위해 36만 5,000대까지 생산능력을 강화해 2030년 50만 대의 전기차를 판매하겠다는 목표를 세웠다. 미국 애리조나 공장뿐 아니라 현지 국부펀드에게 투자를 유치한 사우디아라비아에 공장을 설립하는 방안도 검토하고 있는 것으로 알려졌다.

미국 전기차 업체 리비안은 다른 전기차 스타트업들과 달리 승용차가 아닌 픽업트럭과 SUV에 집중하고 있다. 2009년 매사추세츠공대MIT 출신 엔지니어인 로버트 스캐린지가 설립했으며 초기에는 전기 스포츠카를 출시하려 했으나 시행착오 끝에 북미 지역에서 가장 인기를 끌고 있는 픽업트럭과 SUV로 눈을 돌렸다. 픽업트럭은 미국 자동차 시장에서 매년 300만 대 수준으로 팔려 나간다. 2021년 9월 자체 개발한 픽업트럭 'R1T'와 SUV 'R1S' 생산을 시작했다. 2017년 1,600만 달러(약 180억 원)에 미쓰비시 자동차의 미국 일리노이 공장을 매입했으며, 2020년 하반기부터 이 공장에서 시험 생산을 시작했다. 글로벌 빅테크 아마존에게 7억 달러(약 7,871억 원) 규모 투자와 10만 대 구매 계약을 체결해 유명세를 타기도 했다. 아마존뿐 아니라 미국 자동차 기업 포드의 지원을 받고 있으며 2021년 초 26억 5,000만 달러(약 2조 9,905억 원) 자금을 추가 유치했다. 현재까지 총 80억 달러(약 9조 280억 원) 이상 자금을 조달했다. 기업 가치는 276억 달러(약 31조 1,466억 원)에 달한다.

피스커는 2016년 설립된 미국 전기차 업체다. BMW와 애스턴마틴 출신 디자이너 헨릭 피스커Henrik Fisker가 창업했다. 원래 피스커는 2008년 플러그인 하이브리드카 '카르마'를 공개했으나, 판매 부진을 겪다 2013년 파산했다. 이후 헨릭 피스커가 2016년 전기차 회사 피스커를 재차 설립하며 재도전했다. 2020년 10월 기업인수목적회사SPAC와 합병을 통해 뉴욕 증시에 상장했다. 피스커는 프리미엄 중형 SUV '오션Ocean'을 선보였는데, 예약 단계부터 주목을 받고 있다. 2022년 2월 14일 기준 오션의 예약이 3만 건에 달한다고 밝혔다. 오션의 양산은 2022년 11월부터 시작된다. 피스커는 연구개발과 생산을 협력사와 분담하고 있는 것이 특징이다. 피스커는 디자인, 사용자경험UX, 플랫폼 개발에 집중한다. 생산은 캐나다 기반의 세계 3위 자동차 부품사 마그나Magna와 대만 전자기기 제조사 폭스콘Foxconn이 협력한다. 애플 아이폰 위탁생산으로 유명한 폭스콘은 전기차 분야로 사업을 확대하고 있다. 중국 지리자동차와 전기차 제조를 위한 합작사도 설립했다. 오션은 피스커 전기차 디자인 FF-PAD와 전용 플랫폼인 FM29을 기반으로 제작된다. FM29는 마그나가 개발한 차량 아키텍처architecture를 기반으로 피스커가 개량한 것이다. 마그나는 2022년 11월부터 오스트리아 공장에서 오션의 생산을 시작할 예정이다.

차기 모델인 페어PEAR는 폭스콘이 생산을 맡는다. 피스커는 2021년 2월 폭스콘과 프로젝트명 '페어'를 추진하는 협력안을 발표했다. 페어는 피스커와 폭스콘이 공동 개발한 경량화 플랫폼 FP28을 기반으로 한다. 폭스콘이 로즈타운모터스RIDE에게 인수한 오하이오 공장에서 2024년께 생산을 시작할 예정이다. 피스커는 2025년 연간 25만 대 규모로 전기차를 판매할 계획이다. 배터리는 중국 CATL에게 공급받는다. 피스커는 2021년 11월 CATL과 계약을 체결했다.

중국도 미국과 함께 전기차 기업의 창업이 활발한 국가다. 중국 시장 내 전기차 제조 기업은 200개에 달하는 것으로 알려져 있다. 이 가운데 가장 주목받는 기업은 '중국의 테슬라'로 불리는 니오(중국명 '웨이라이')다. 니오는 다수의 중국 전기차 스타트업과 달리 이미 양산 체계를 구축했으며 신차 출시도 활발하다. 2021년 중국 허페이 공장 전기차 생산 능력을 두 배로 늘려 주력 전기차 ES6와 ES8을 시간당 30대씩 생산하고 있다. 향후에는 연간 12만 대의 전기차 생산 능력을 확보할 계획이다. 니오는 2020년 월 판매량 5,000대를 넘어섰으며, 2021년 1월 7,200대를 판매하며 1년 전보다 4배 이상 늘렸다. 니오는 중국 전기차 시장에서 치열한 경쟁을 뚫고 1위 테슬라를 추격하고 있다. 2021년 1월 청두에서 첫 럭셔리 세단 ET7도 공개했다. ET7 가격은 배터리팩을 포함해 44만 8,000위안(약 7,687만 원)부터 시작한다.

현재 세계 전기차 시장은 테슬라가 여전히 1위를 지키고 있는 가운데 후발주자들이 속속 뛰어들며 테슬라를 추격하는 구도가 이어지고 있다. 특히 오랜 기간 자동차 산업에서 기술력과 브랜드 가치를 쌓아온 기존 완성차 업계는 각각 야심찬 목표를 발표하며 테슬라 뒤를 빠르게 쫓고 있다.

한국자동차연구원이 SNE리서치 자료를 분석해 발표한 〈2021년 전기차 판매 실적 및 시장 동향 보고서〉에 따르면, 2021년 글로벌 전기차Battery Electric Vehicle, BEV 신차 판매량은 약 472만 대로, 전년 약 220만 대보다 2배 이상 증가했다. 특히 중국에서 270만 대가 넘는 전기차가 팔리며, 세계 전기차 시장의 성장을 견인했다.

국가별 및 완성차그룹별 전기차(BEV) 판매량

구분		2018	2019	2020	2021	성장률 (2020-2021)
국가별	중국	1,069,194	1,035,752	1,054,169	2,717,937	158%
	유럽	229,865	391,159	783,658	1,281,449	64%
	미국	239,080	246,996	260,055	505,988	95%
	한국	30,815	35,443	46,909	100,681	115%
	일본	28,037	21,932	16,028	23,280	45%
	기타	29,818	44,546	59,592	88,393	48%
그룹별	테슬라	249,600	376,862	494,244	921,642	86%
	상하이차	79,117	99,072	235,425	611,023	160%
	폭스바겐	27,164	83,870	220,818	436,669	98%
	BYD	116,908	150,200	122,778	335,257	173%
	현대차	49,386	81,059	145,609	240,500	65%
	기타	1,104,634	984,765	1,001,537	2,172,637	117%
합계		1,626,809	1,775,828	2,220,411	4,717,728	112%

자료: 한국자동차연구원

업체별로 살펴보면, 전기차 판매량 1위는 테슬라가 차지했다. 테슬라는 2021년 약 92만 대를 판매해 전년 대비 판매량을 86% 늘렸다. 초소형 전기차 '훙광 미니'로 인기몰이를 한 중국 상하이자동차가 판매량 약 61만 대로 2위에 올랐다. 판매량은 전년 대비 160%나 급증했다. 이어 전기차 전용 모델 ID3, ID4를 본격적으로 판매하기 시작한 폭스바겐이 43만 대를 팔아 3위를 차지했다. 판매량은 1년 새 98% 증가했다. 중국 BYD가 33만 대, 현대차그룹이 24만 대를 팔아 뒤를 이었다. 전년 대비 판매량이 각각 173%, 65% 늘었다. 상위 5개 업체를 제외한 나머지 전기차 업체의 차량도 217만 대 이상 팔리며 급격히 성장했다. 전년 대비 판매량 성장도 117%에 달해 전기차 시장의 경쟁은 더욱 치열해질 것으로 전망된다.

전기차는 내연기관 엔진을 전기 모터 기반으로 대체한 차로, 근본적인 변화를 가져오기 때문에 다양한 핵심 기술이 요구된다. 배터리는 전기차의 완전한 상용화를 앞당길 수 있는 중요한 기술이라고 할 수 있다. 충전 인프라 확산과 함께 불편함 없는 장거리, 장시간 주행을 가능하게 해야 하기 때문이다. 배터리의 가격은 전기차 전체 가격 가운데 차지하는 비중이 40%에 육박한다. 급증하는 시장 수요에 즉각 부응할 수 있도록 배터리 생산능력도 더욱 올려야 한다. 향후 20년간 배터리 수요의 약 90%가 전기차로부터 발생할 것이라는 전망도 나온다. 헤르베르트 디스 폭스바겐 대표는 "배터리 발주 이후 납품받는 기간이 길어 충분한 자체 배터리 생산이 필요하다"며 "배터리는 향후 5~10년 동안 전기차 시장 성장에 지속적인 제약 요인이 될 수 있다"고 토로하기도 했다. 더 낮은 가격으로 배터리를 빠르게 양산하는 기술이 전기차의 확산을 촉진할 수 있다는 의미다.

현재 전기차 배터리는 리튬이온배터리를 사용한다. 리튬이온전지는 리튬이온이 양극재와 음극재 사이를 이동하는 화학적 반응을 통해 전기를 만든다. 전해액은 이 때 양극과 음극 사이에서 리튬이온의 이동 통로 역할을 해주는 물질이다. 분리막은 양극과 음극 사이에 있는 투과성 막으로, 양극과 음극이 직접 접촉하지 않고 전해액에 다른 물질이 침범하지 않도록 방어하는 안전장치다.

리튬이온배터리는 양극재를 구성하는 방식에 따라 니켈 · 망간 · 코발트(NMC) 배터리와 같은 삼원계 배터리와 리튬 · 인산철(LFP) 배터리로 나뉜다. 삼원계 배터리는 통상적으로 LFP 배터리보다 한 번의 충전으로 더 긴 거리를 달릴 수 있다는 게 장점이다. 반면, LFP 배터리는 상대적으로 가격이 저렴한 철과 인산염을 이용해 단가를 낮출 수 있고 안정성도 높다.

리튬이온배터리는 에너지 밀도를 높이고, 비싸고 수급이 불안정한 코발트를 줄이는 방향으로 발전해왔다. 삼원계 배터리의 경우 니켈 비중을 높이고 코발트 비중을 낮춰왔다. 다만, 니켈 비중을 지속적으로 높이다 보면 안정성이 떨어질 수 있다. 니켈은 화학적 활성도가 높아 비중을 높일수록 폭발 위험성도 커진다. 이같은 문제를 보완하기 위해 알루미늄을 활용해 사원계 니켈 · 코발트 · 망간 · 알루미늄(NCMA) 배터리를 만들기도 한다.

아예 코발트를 사용하지 않는 LFP 배터리는 중국 기업의 주도로 발전해왔다. LFP 배터리는 그동안 삼원계 배터리보다 성능이 낮은 것으로 평가받았다. 그러나 에너지 밀도를 보완하는 기술이 발전하면서 테슬라를 필두로 전기차 제조사들의 선택을 받는 경우가 늘고 있다. 예를 들어 세계 최대 배터리 제조사인 중국 CATL은 LFP 배터리 탑재 공간을 15~20% 늘려주는 '셀투팩cell to pack' 기술을 개발했다. 전기차 배터리는 셀이 모인 모듈, 모듈이 모인 팩으로 구성되는데, 셀투팩 기술은 모듈 단계를 없애고 바로 배터리 셀을 팩으로 만든다. 이 기술 개발로 LFP 배터리를 쓰더라도 소형차 기준 주행 거리가 400km 이상 나올 수 있게 됐다.

차세대 배터리 시장은 전고체 배터리SSB가 주도할 공산이 크다. 전고체 배터리는 현재 리튬이온배터리 기술의 한계를 뛰어넘을 수 있는 미래 기술로 평가받는다. 리튬이온배터리 기술의 가장 큰 문제점은 액체인 전해질과 분리막 기반이라서 안전사고 발생 가능성이 있다는 것이다. 전해질이 온도 변화에 따른 팽창이나 외부 충격에 따른 누액 등으로 폭발해 화재가 나는 경우가 간혹 발생한다. 배터리의 구성 형태도 제한을 받을 수밖에 없다.

반면 전고체 배터리는 리튬이온배터리 기술을 바탕으로 하면서도, 단점을 보완하기 위해 전해질을 액체에서 고체로 바꾼다. 전해질을 고체로 사용하면 전해질 유출에 따른 안전사고 발생 위험을 줄일 수 있다. 분리막도 필요하지 않게 된다. 이에 따라 부피가 작아질 수 있으며, 배터리의 형태도 다양하게 구현할 수 있다. 당연히 배터리 무게와 부피가 감소하기 때문에 전기차의 에너지 효율도 높일 수 있다.

미래 배터리 시장의 판도를 바꿀 수 있는 기술인만큼 한중일 주요 배터리 업체들이 전고체 배터리 개발에 총력을 기울이고 있다. 일본 후지경제연구소는 세계 전고체 배터리 시장이 2035년 2조 7,877억 엔(약 27조 5,843억 원)에 이를 것으로 전망한다. 삼원계 배터리는 한국이, LFP 배터리는 중국이 주도했지만 전고체 배터리는 일본이 시장 우위를 점할 가능성이 높다. 일본 자동차 회사 도요타는 2022년까지 전고체 배터리를 장착한 전기차를 출시하는 것을 목표로 삼고 있으며 2025년 전고체 배터리 상용화를 달성한다는 계획을 세웠다.

한국 기업들도 전고체 배터리 개발에 속도를 내고 있다. LG에너지솔루션은 고분자계와 황화물계 등 두 종류의 전고체 배터리를 동시에 개발하고 있다. 2026년 고분자계 전고체 배터리, 2030년 황화물계 전고체 배터리를 선보이겠다는 목표다. 상온에서도 빠른 속도로 충전이 가능한 장수명 전고체 배터리 기술도 개발했다.

바다부터 하늘까지 닿은 탈탄소 모빌리티 혁신

수소차는 넓은 범위에서 일종의 전기차라고 할 수 있다. 전기차와 수소차는 모두 내연기관(엔진)이 아닌 전기 모터를 작동시켜 이동하기 때문이다. 전기차는 리튬이온배터리에 충전된 전기를 사용하고, 수소차는 연료전지를 사용해 전기를 생산한 뒤 동력으로 활용한다. 전기차는 단순히 배터리에 저장된 전기를 사용하는 반면, 수소차는 수소탱크에 충전된 고압의 수소와 공기 중 산소로 화학 반응을 일으켜 전기를 생산하는 '작은 발전소'(수소 연료전지)를 탑재한다. 여기서 생산한 전기를 동력으로 전기 모터를 돌린다.

　판매량을 살펴보면 수소차는 전기차보다 크게 뒤져 있다. 에너지 전문 시장조사업체 SNE리서치에 따르면, 2021년 1~11월까지 전 세계에 등록된 수소차 판매 대수는 전년 같은 기간(8,300대) 대비 95.1% 증가한 1만 6,200대를 기록했다. SNE리서치는 연간 수소차 누적 판매 대수가 전년보다 두 배 가까이 늘어 1만 8,000대를 넘길 것으로 예상했다. 그러나 전기차와 비교하면 초라한 성적표다. 전기차 시장은 미국, 중국, 유럽, 한국과 일본까지 세계 각지의 제조사들이 뛰어들어 치열한 경쟁을 벌이고 있다. 그 결과 급성장을 거듭해 2021년 기준 연간 470만 대 이상이 팔리는 시장으로 성장했다. 수소차는 승용차에 한해서는 사실상 한국과 일본을 제외하고 상용화에 힘을 쏟는 자동차 제조사를 찾기 힘들다. SNE리서치에 따르면 2021년 시장 점유율 1위는 현대차로, 1~11월까지 8,900대를 판매해 시장 점유율 55.0%를 차지했다. 2위는 5,700대로 35.0%의 점유율을 확보한 일본 도요타다. 3위는 일본 혼다부터는 시장 점유율이 1.6%(판매량 300대)로 급격히 낮아진다.

　수소차가 승용차 시장에서 성장에 어려움을 겪는 이유는 무엇일까? 수소차는 다방면에서 전기차보다 진입 장벽이 높아 상대적으로 발전 속도가 더딘 것으로 평가받는다. 수소차의 핵심인 수소 연료전지는 상용화 장벽을 높이는 요인이다. 특히 촉매인 백금이 매우 비싸 걸림돌로 지적된다. 수소 연료전지는 촉매로 불순물을 최소화한 초고순도의 백금이 필요하다. 물론 다른 촉매도 있지만 백금의 효율을 따라갈 수 있는 촉매는 아직까지 없다. 백금 촉매를 대체할 물질을 개발하거나 발견하는 것이 과제로 지적된다.

수소차는 충전 인프라를 확장하는 데 불리하다. 전기차 충전소는 집 근처에 설치되기를 원하는 사람이 많다. 그러나 수소차 충전소는 폭발 같은 안전사고를 우려하는 주민 반대로 주거지역 인근에 설치하기 어렵다. 수소경제를 적극 추진해온 한국에서도 현재까지 전국에 설치된 수소 충전기가 100대를 조금 넘는 수준에 불과하다. 수소 충전소는 100곳도 채 안 된다. 수소차가 가장 많은 서울에도 충전소는 5곳(양재, 상암, 국회, 강동, 마곡)뿐이다.

좀 더 근원적인 문제점은 수소 생산에 에너지가 많이 투입되는 만큼 수소차가 상대적으로 충전비가 비쌀 수밖에 없다는 것이다. 청정한 수소를 얻으려면 물을 전기분해해야 한다. 전기가 일종의 '재료'인 셈이다. 생산된 수소를 다시 수소차의 연료전지에서 전기로 만드는 과정은 낭비되는 열에너지를 발생시킨다. 이 폐열을 냉각하는 데에도 에너지가 소모된다. 물론 향후 새로운 촉매 개발 같은 수소 생산기술의 발전으로 효율성을 높인다면 수소 생산 원가를 상당 부분 줄일 수 있을 것으로 보인다. 태양광이나 풍력 같은 재생에너지로 물을 분해해 수소를 만드는 '그린수소'가 아닌 이상 수소 모빌리티가 탄소중립에 기여하기 어려울 것이라는 회의적인 시선도 있다. 물론 향후 재생에너지 기술이 발전하고 발전 시설이 확대되면 그린수소를 안정적으로 생산하는 체제를 만들 수 있다. 화석연료 기반 수소 생산 시설에 CCS 기술을 더해 만드는 '블루수소'로 보완하는 방법도 있다.

앞서 열거된 단점에도 수소를 친환경 모빌리티 혁신에서 배제하긴 어렵다. 수소차는 단점도 뚜렷하지만 전기차와 비교해 장점도 많다. 미세먼지 저감 같은 공기정화 기능을 수행한다. 수소와 산소가 만나 전기를 생산하기에 필터를 통해 산소를 모으는 과정에서 미세먼지의 99%를 제거한다. 일종의 '달리는 공기청정기'인 셈이다. 부산물도 매연이 아닌 수증기 형태의 물이라 친환경적이다.

또한, 수소차는 전기차보다 한 번 충전으로 갈 수 있는 주행거리가 길다. 현재 전기차는 1회 충전으로 $300~400km$를 가지만, 수소차는 $6kg$의 수소를 탑재해 $600km$를 간다. 그만큼 충전소를 적게 지어도 된다.

전기차의 불편함으로 지적되는 충전 시간도 줄일 수 있다. 전기차가 충전에 15분~4시간이 걸리는 반면, 수소차는 최대 10분이면 충전할 수 있다. 액화수소의 경우 차량 한 대 충전 시간은 1분 30초로 휘발유 주유 속도와 비슷하다. 기체수소 충전에는 10분 정도가 걸린다.

특히 승용차가 아닌 화물차나 버스와 같은 상용차일 경우 수소차의 경쟁력이 높아진다. 전기차는 차량이 커질수록 배터리도 커진다. 가격, 무게, 충전 시간이 모두 크게 증가해 비효율적이다. 반면 수소차는 차량의 크기가 커지더라도 연료 탱크만 키우면 충분히 연료를 실을 수 있다. 무거운 짐을 싣고 장거리를 오가는 트럭이나 버스는 수소차가 유리하다. 일정 구간을 도는 택배차량, 청소차 등도 수소차가 경쟁력이 있는 것으로 평가받는다.

세계 자동차 제조사들의 경쟁도 승용차보다는 상용차에 초점이 맞춰져 있다. 르노그룹은 2021년 세계적인 수소연료전지 업체 플러그파워와 수소차 생산을 위한 합작법인을 설립키로 했다. 유럽에서 연료전지 기반 중소형 상용차 시장을 30% 이상 점유하는 것을 목표로 삼았다. 프랑스에 수소 연료전지 시스템과 최첨단 수소 차량 생산 라인을 구축할 계획이다.

일본 도요타는 2020년 12월 포르투갈 버스 제조업체 카에타노 버스의 지분을 인수해 유럽 수소 버스 시장 경쟁에 뛰어들었다. 유럽에 글로벌 수소연료전지 사업을 총괄하는 법인 '퓨얼 셀 비즈니스 그룹'도 신설했다. 북미 수소 상용차 시장도 공략에 나선다. 도요타의 상용차 자회사 히노Hino Motors는 미국 상용차 업체 켄워스Kenworth Truck Company와 함께 수소전기트럭을 개발하고 있다.

독일 메르세데스 벤츠의 모회사인 독일 다임러그룹은 2020년 상용차로 유명한 스웨덴 볼보트럭과 수소전기트럭의 연료전지 시스템을 개발하기 위한 합작사를 설립했다. 첫 수소전기트럭 콘셉트카 '젠H2GenH2'도 선보였다. 두 회사는 2023년 제품 시범 운행, 2025년 판매를 목표로 삼았다.

국내에서도 현대자동차그룹이 2030년까지 '엑시언트 수소전기트럭'을 유럽에 2만 5,000대, 미국에 1만 2,000대, 중국에 2만

7,000대를 판매하겠다고 목표를 밝히는 등 수소 상용차 경쟁은 더욱 치열해질 것으로 전망된다.

C테크 혁신은 지상 교통에 한정되지 않는다. 세계 물류를 책임지는 해운과 장거리 이동을 책임지는 항공까지 빠짐없이 C테크 혁신 경쟁이 벌어지고 있다.

비행기도 자동차와 마찬가지로 전기화가 진행되고 있다. 항공유를 쓰는 기존의 비행기도 온실가스 주범으로 지목되고 있다. '부끄러운 비행flight shame'이라는 용어까지 등장했다. 동식물의 바이오매스나 폐기물 등을 활용해 생산하는 지속 가능한 항공유SAF 의무화 움직임과 함께 내연기관에서 탈피하려는 시도가 나오는 이유다. SAF를 사용할 경우 일반 항공유 대비 최대 80%까지 온실가스를 줄일 수 있지만 완벽한 탈탄소를 달성하려면 지상과 같이 더욱 근본적인 모빌리티 혁신이 필요하다는 것이다. 비행기는 순간적인 폭발력이 요구되는 대형 이동수단으로, 상용차와 같은 이유로 리튬이온전지 기반의 전기화보다 수소연료전지 기반의 혁신이 더 주목받고 있다.

미국 보잉은 미 공군, 미 항공우주국NASA, 매사추세츠 공대MIT, 일리노이 대학, 제너럴 일렉트릭GE 등과 '치타Cryogenic High-Efficiency Electrical Technologies for Aircraft, CHEETA'라는 이름의 산학연 공동 프로젝트를 진행하고 있다. 이 프로젝트의 목표는 액화(액체) 수소 기반의 연료 전지로 비행하는 항공기를 개발하는 것이다. 현재 NASA에서 초기 자금 600만 달러를 투자받아 연구가 진행되고 있다.

　유럽 항공기 제조사 에어버스는 미국 델타항공과 수소 항공기 개발을 위한 협력을 발표했다. 2035년까지 수소를 동력으로 하는 소형 항공기 '제로e'를 선보이겠다는 목표도 제시했다.

　영국 스타트업 제로에비아ZEROAVIA는 2020년 세계 최초 수소연료전지를 탑재한 항공기 시험 비행에 성공했다. 운항 과정에서 물과 증기만 배출하는 100% 친환경 비행기로 화제가 됐다. 2024년부터는 19인승 수소비행기를 런던과 로테르담 정기 노선에 투입한다는 계획도 세웠다.

　바다도 예외가 아니다. 이미 전 세계 물류를 책임지는 해운산업에서 이산화탄소를 비롯해 온실가스를 지속적으로 감축하기 위한 노력이 이어져왔다. 국제해사기구IMO는 탄소 배출 규제를 지속적으로 강화하고 있다. 해운업계는 2030년까지 선박이 배출하는 이산화탄소 배출량을 2008년 대비 40% 감축해야 하고 2050년까지 70% 줄여야 한다. 선박의 총 온실가스 배출량도 2050년까지 2008년 대비 50% 줄여야 한다. 2021년 IMO는 2023년부터 4년간 매년 2%씩 약 3만 척의 선박이 배출하는 탄소를 저감한다는 규제안을 채택했다. 규제에 맞춰 개선이 이뤄지지 않는 선박은 차차 시장에서 퇴출당할 것으로 전망된다.

　특히 조선업계에서는 이산화탄소 배출량을 2008년보다 40% 줄여야 하는 2030년에 맞춰 탈탄소 선박 시장이 개화할 것으로 전망하고 있다. 이전 규제 단계까지는 LNG 선박 등을 통해 충족할 수 있지만, 2030년부터는 화석 연료 기반으로 달성할 수 있는 목표치를 넘는다고 보기 때문이다.

선박의 경우 크기에 따라 다양한 방식이 개발되고 있다. 전기차처럼 배터리를 기반으로 한 전기 선박은 주로 레저용 같은 소형에 활용될 수 있다. 크기가 커질수록 수소연료전지를 활용한 수소 선박, 암모니아 엔진을 탑재한 암모니아 추진선이 연구되고 있다.

수소연료전지 선박의 경우 압축수소를 활용하는 방식과 액체수소를 활용하는 방식으로 나뉜다. 압축수소는 연료전지에 수소를 바로 공급할 수 있지만, 부피가 커 대형 선박에 적용하긴 어렵다. 액체수소는 연료의 부피를 크게 줄일 수 있지만 영하 253℃로 낮춰 액화해야 한다. 온도 변화에 쉽게 기화될 수 있어 보존이 어렵다. 통상 하루에 2~3%의 수소가 기화되는 단점이 존재한다. 이 때문에 수소를 안정적으로 보존할 극저온 기술이 요구된다.

친환경 대형 선박을 만들기 위해 암모니아(NH_3)가 주목을 받는 이유가 여기에 있다. 암모니아는 질소(N_2)와 수소(H_2)의 합성 화합물이다. 연소 과정에서 이산화탄소가 전혀 배출되지 않는다. 액화수소보다 에너지 밀도가 높고 이송이나 보관도 용이하다. 영하 33℃로 액화할 수 있어 수소처럼 극저온을 유지하지 않아도 된다. 경제적이고, 안정적으로 연료를 공급할 수 있다. 다만, 독성과 냄새 등이 단점이다.

핀란드 바르질라, 독일 만MAN 등이 암모니아를 연료로 쓰는 선박 엔진을 개발하고 있다. 한국에서는 현대중공업이 2021년 12월 한국선급으로부터 그린암모니아 추진 운반선·벙커링선 2종에 대한 기본승인AIP 인증을 받았다. AIP는 신규 선박 기본설계 시 안정성과 기술성에 대한 적합성을 검증하는 절차다.

삼성중공업도 2024년 암모니아 추진선을 상용화하겠다는 계획을 세웠다. 삼성중공업은 2021년 8월 노르웨이 선급 DNVDet Norske Veritas에서 '암모니아 레디 초대형원유운반선VLCC' 기본 설계에 대한 AIP 인증을 획득했다. 암모니아 레디는 LNG와 디젤 연료로 추진하는 선박이 향후 암모니아 연료 추진선으로 개조될 수 있도록 사전 설계에 반영한 선박을 뜻한다.

대기업뿐 아니라 스타트업도 탄소 배출 없는 친환경 선박 경쟁에 가세하고 있다. 한국 스타트업 빈센은 이미 레저용 전기 보트와 수소 연료전지 기반 보트 '하이드로제니아' 등을 선보였다. 2022년 1월에는 선급 및 해양안전 검증기관인 싱가포르 뷰로베리타스 마린BV, 싱가포르 공립대학 난양공대의 에코랩스EcoLabs Centre of Innovation for Energy, COI와 업무협약MOU을 체결했다. 이를 통해 빈센은 세계 최대 환적 항만인 싱가포르 항만 선박에 친환경 수소 연료전지 시스템을 통합하기 위한 실증 프로젝트를 공동 개발한다.

에너지 효율 높이는 디지털 기술과 플랫폼

탄소중립은 '굴뚝산업'만의 문제가 아니다. 디지털 플랫폼은 경제 활동의 효율성을 높여 탄소중립을 달성하는 데 막대한 역할을 할 수 있다. 특히 인공지능AI, 빅데이터 같은 디지털 기술은 지금까지 인간의 힘으로는 구현하기 어려운 수준의 일을 가능하게 해 다방면에서 탄소 배출을 줄이는 데 활용될 것으로 전망된다.

특히 모빌리티 플랫폼의 경우 탄소 배출의 주된 요인으로 지목되는 운송 영역을 효율화해 탄소중립에 미치는 파급력이 큰 것으로 평가받는다. 구글은 2021년 10월 구글 지도 내비게이션에 '친환경 경로' 기능을 선보였다. 사용자는 단순히 가장 빠른 길뿐 아니라 가장 연료를 효율적으로 쓰는 경로를 선택할 수 있게 됐다. 연료 소모가 적은 경로로 가면, 탄소배출량을 줄여 환경에 도움을 줄 수 있다. 구글지도의 친환경 경로 기능은 미국에서 우선적으로 도입됐으며 올해 유럽에서도 이 기능을 선보일 계획이다.

한국에서도 친환경 경로 기능을 도입하려는 시도가 나오고 있다. 티맵모빌리티가 2022년 3월 내비게이션 서비스 티맵에 자체 구축 중인 첨단운전자보조시스템ADAS 지도를 기반으로 '에코경로(가칭)'를 준비 중이라고 발표했다. 티맵의 에코경로는 기존 교통정보, 주행거리뿐 아니라 ADAS 지도에서 보유한 경사, 굴곡 등 다양한 도로환경을 고려해 가장 탄소를 적게 배출하는 길로 안내한다. 티맵은 탄소 저감량 산출공식 개발을 끝내면 시범 서비스를 거쳐 2022년 하반기에 정식 서비스를 시작할 계획이다. 티맵은 친환경 운전 유도를 위해 파주시와 진행하는 '에코드라이빙 인센티브제'를 확대하는 방안도 검토한다. 에코드라이빙 인센티브제는 티맵 운전점수를 기반으로 친환경 운전습관을 추적한 뒤 친환경 운전을 실천하면 최대 10만 원을 주는 제도다. 이종호 티맵모빌리티 대표는 티맵의 에코경로 계획을 발표하며 "티맵 안전운전은 연간 192만t 수준의 이산화탄소를 절감하는 성과를 냈다. 이제는 안전을 넘어 탄소중립이라는 시대적 흐름에 따라 지도, 데이터, 플랫폼 등 전사적 역량을 동원하겠다"고 말했다. 상용화까지 멀었지만 빠른 속도로 발전하고 있는 자율주행도 궁극적으로 탄소중립에 기여할 수 있다. AI의 힘으로 모든 차들이 중단 없이 정속 주행하는 완전 자율주행 시대가 온다면 도로 교통의 효율성을 크게 높여 운송에 드는 에너지를 최적화할 수 있기 때문이다.

모빌리티 플랫폼의 발전은 전기차 확산을 촉진할 수 있다. 기술을 넘어 플랫폼의 강한 영향력을 탄소중립 실현에 이용하는 대표 사례다.

우버는 2025년 유럽 7개 주요 도시, 2030년까지 유럽과 북미 전역, 2040년까지 세계 전역에서 탄소 배출량 0을 달성하겠다고 발표했다. 우버는 세계 최대 모빌리티 플랫폼인 동시에 주요 배달 플랫폼이다. 특히 우버는 2025년까지 8억 달러(약 9,925억 원)를 투입해 전 세계 수십만 명의 운전자가 전기차로 전환하도록 유도하고 이용자에게 다양한 전기 기반 탈것을 제공할 방침이다. 우버는 '우버그린'도 확대하고 있다. 우버그린은 이용자가 친환경 전기차나 하이브리드 차를 부를 수 있는 서비스다.

우버는 전기차 도입을 촉진하는 운전자 교육 프로그램은 마련하고, 전기차 운전자에 대한 금전적인 인센티브도 지급하고 있다. 테슬라 같은 전기차 제조사부터 충전기 제조사까지 30여 곳의 전기차업계 선두주자들과 손잡고 운전자들에게 전기차 구매 시 할인, 보험, 대출을 제공하는 실험을 하고 있다. 충전 인프라도 확대하고 있다.

한국에서도 최대 모빌리티 플랫폼 기업 카카오모빌리티가 2022년 3월 친환경 전기택시를 1만 대까지 확충하고, 전기차 충전기 연동도 4만 기로 확대해 전기차 산업 생태계를 구축하겠다고 밝혔다. 카카오모빌리티는 가맹택시 중심으로 보급된 친환경 전기택시를 일반 중형택시 회원까지 포함해 2022년 연내 1만 대까지 확대할 계획을 세웠다. 카카오모빌리티는 다양한 기업과 손잡고 전기택시 활성화를 위해 노력을 기울여 2022년 3월 기준 가맹택시 2,000대가 전기택시로 전환하도록 유도했다. 이는 이 회사의 모빌리티 앱 '카카오 T'에 등록된 전체 전기 택시의 약 30%에 해당한다.

플랫폼을 통한 전기택시 영업 지원 솔루션 제공, 법인택시 전동화 방안 등도 지속적으로 모색한다. 카카오모빌리티는 '전기택시 구매지원 프로그램'을 상시 운영해 높은 가격 부담을 완화한다. 차량 선택, 구매, 사용, 충전에 이르는 전 과정에서 불편함과 부담을 줄이는 노력도 기울인다. 배터리 관리와 충전의 불편함을 완화하기 위해 '충전 할인카드 및 충전소 정보'를 확대한다. 카카오모빌리티는 GS칼텍스와 함께 이 기능을 전기택시를 구매한 가맹택시 기사들에게 제공해왔다. LG에너지솔루션과 협력해 전기택시 배터리 성능을 상시 진단할 수 있는 '배터리 관리 서비스'도 확대 제공할 계획이다.

과연 모빌리티 플랫폼은 탄소중립에 얼마나 기여할 수 있을까? 우버는 〈매일경제〉 측에 우버 앱을 통한 최적 경로 제공과 수요 공급의 즉각적인 연결을 통해 전통 택시 산업보다 탄소집약도를 34% 낮췄다고 알려왔다.

구글은 구글 지도 내비게이션에 친환경 경로 기능을 더해 연간 100만 이상의 이산화탄소 배출을 줄일 것으로 기대하고 있다. 도로에서 자동차 20만 대를 없애는 것과 맞먹는 효과다.

전기 자전거, 전동킥보드 같은 개인형 이동수단(PM) 플랫폼의 확산도 탄소절감에 기여하는 정도가 큰 것으로 평가받는다. 개인형 이동수단은 모두 내연기관이 아닌 전기와 배터리를 기반으로 한다. 자동차와 달리 사람 수에 딱 맞게 운용되는 만큼 에너지를 보다 효율적으로 사용할 수 있다. 예를 들어 어떤 사람이 홀로 4인승 자동차를 몰고 도착지에 가지 않고 1인승 전기 자전거를 탈 경우 좀 더 에너지를 아낄 수 있다는 얘기다. 이 때문에 도심의 교통 체증을 완화하는 효과도 상당하다.

세계 최대 전동킥보드 공유 플랫폼 라임Lime은 매년 얼마나 탄소중립에 기여했는지 구체적인 수치를 공개하고 있다. 2022년 1월 라임이 공개한 자료에 따르면, 라임은 2021년 국내에서 총

532t 규모의 '탄소 회피' 효과를 달성했다. 2019년 10월 국내 진출 이후 달성한 총 누적 탄소 회피량은 약 1,243t 규모로 추산했다. 여기서 탄소 회피는 자동차 등 내연기관 차량의 이동량을 전동킥보드가 얼마나 대체했고, 탄소 저감 효과는 어느 정도인지 추산한 값이다. 라임의 전동킥보드 총 이동거리를 기반으로 한다.

라임 측의 공개 자료에 따르면 2021년 국내 라임 전동킥보드의 총 이동거리는 약 856만km다. 라임코리아가 실시한 설문조사 결과에 따르면 약 25%의 이용자가 내연기관 차량 대신 라임의 전동킥보드를 이용한다고 응답했다. 이를 감안하면 856만km 이동거리 중 214만km가 내연기관 차량을 대체한 것이다. 주행거리 대비 탄소배출량을 따져보면 약 532t의 탄소 배출을 저감했다. 미국 환경보호청은 일반 승용차가 1만 8,500km를 주행 시 4.6t의 이산화탄소를 배출한다고 보고 있다.

라임은 2022년 1월 기준 수도권, 부산, 대구, 대전 등지에서 약 3만 대 가량의 전동킥보드를 운영 중이다. 국내 회원 수는 106만 명에 달한다. 2019년 10월 국내 출시 이후 약 2년 2개월 동안 총 이동거리는 2,000만km를 넘겼다.

재생에너지 확대와 교통수단의 전기화는 탄소중립 달성을 위해 중요하지만, 전력 시스템 입장에서 보면 큰 위험성도 내포하고 있다. 몇 개의 발전소에 집중된 화석 연료 기반 발전소에 비해 태양광, 풍력 등은 무수히 많은 발전시설이 산개될 수밖에 없다. 전기차는 '걸어 다니는 전원'이다. 이 같은 분산 전원이 심화된 시대는 기존 전력 시스템보다 훨씬 더 많은 대비가 필요하다. 대비 없이 탄소중립으로 가면 대규모 정전과 이에 따른 사고 등 '전력 재앙'이 발생할 수 있다.

김구환 그리드위즈 대표 겸 한국에너지중소혁신기업협회 회장은 재생에너지로 전환, 내연기관의 전기화, 다품종 소량생산으로 전환이 전력 시스템 면에선 변동성을 매우 증대시킨다며 "한 가지만 해도 치명적이지만, 수요와 공급 모두 엄청난 변동성을 불러오는 저 세 가지가 더해지면 매우 치명적인 시너지가 발생한다"고 보았다. 또한 대규모 정전 사태나 사고로 이어질 수 있다"고 경고한다. 그리드위즈는 글로벌 리서치 기관 클린테크그룹이 선정한 '2022 글로벌 클린테크 100' 기업 리스트에 국내 최초로 이름을 올린 클린에너지 솔루션 기업이다. 런던, 파리, 보스턴 등지에 본사를 둔 클린테크그룹은 2009년부터 세계 각국 클린테크 기술 기업을 평가해 매해 100개 기업을 대표 기업으로 발표해왔다. 전기차 혁신의 선두주자 테슬라도 초기에 클린테크 100에 이름을 올렸다.

재생에너지는 기본적으로 변동성이 매우 크다. 비 오거나 바람이 안 불면 전력 생산에 차질을 빚는다. 반대로 전력이 과잉 생산될 수도 있다. 전력이 남는 것도 문제다. 김 대표는 "오히려 부족한 것보다 더 위험할 수 있고 전력이 계속 넘치게 되면 변압기가 폭발한다"며 "제주도에서 풍력발전으로 에너지가 과잉 생산될 때 돈을 주고서라도 쓰도록 유도하는 이유"라고 말한다.

내연기관이 전기로 대체되는 것도 전력관리 입장에선 도전적인 과제다. 예를 들어 특정 지역에 콘서트가 열린다고 가정해보자. 전기차를 타는 관객들이 몰리면 순간적으로 그 지역이 정전되거나 전력 공급난이 발생할 수 있다. 특히 현재 전기차 충전 시스템은 연결만 하면 무조건 충전돼 통제가 더 어렵다.

신재생에너지는 분산전원 문제를 야기한다. '작은 발전소'들이 무수히 생겨나기 때문이다. 김 대표는 "화석연료 시대에 국내 400개 발전 시설만 관리하면 됐지만 현재는 발전시설이 90만 개가 깔려 있다"며 "관리뿐 아니라 탄소 발자국 추적도 어렵다"고 진단한다. 이 같은 문제를 해결하기 위해 하드웨어 혁신뿐 아니라 플랫폼과 빅데이터, 인공지능 같은 디지털 기술도 활용되고 있다.

특히 가상발전소Virtual Power Plant, VPP 기술은 분산전원에 따른 전력 수급의 불안정성을 보완할 수 있는 기술로 주목받는다. 이 기술은 태양광, 풍력 발전소, 에너지저장장치 같은 무수히 분산된 발전설비를 하나의 발전소처럼 운영하는 통합 관리 소프트웨어다. 물리적으로 발전소들을 엮는 것이 아니라 클라우드를 활용해 가상으로 전력 공급의 효율성을 높이는 개념상의 발전소다.

VPP 기술은 빅데이터와 인공지능을 활용해 전력 수요를 예측하고 상황에 맞게 발전량을 조절할 수 있다. 기상 빅데이터를 정확하게 분석할 경우 각지에 분산된 수많은 태양광 풍력 발전기의 발전량을 높은 정확도로 예측할 수 있다. 출력제어를 줄이는 등 전체 전력 효율도 높일 수 있다. 출력제어는 에너지 생산량이 수용량을 초과하는 상황에서 발생해 발전소 가동을 멈추는 것이다. 출력제어 뒤 재가동해 전력생산 가능 수준까지 끌어올리려면 추가적인 전력이 소비돼 전력 효율이 크게 떨어진다.

모바일 애플리케이션 같은 플랫폼을 통해 전력수급 안정화에 기여하는 수요반응(DR)도 대표적인 디지털 탄소중립 기술로 꼽힌다. 수요관리는 국가가 전력 수급이 급격히 높아지는 시간에 전력 사용량을 감축해달라고 발령을 내리면 참여자가 약속한 만큼 전력 사용량을 줄이고 수익을 확보할 수 있는 사업이다. 참여자는 절약한 전기를 수요관리 사업자를 통해 전력시장에 판매한다. 쉽게 말해 전기를 아낀 만큼 수익이 생기는 셈이다.

DR을 앱으로 관리하는 것은 난이도가 크게 높은 기술은 아니지만 온라인 플랫폼의 장점을 활용해 효율성과 편의성을 크게 높일 수 있다. 특히 수많은 가정으로 DR 참여자가 확대될 경우 효용이 극대화된다. DR 사업자는 다수의 참여 고객 전력 감축 현황을 실시간 모니터링하며 통합 관리할 수 있다. 반대로 참여자는 실시간 감축 이행률을 확인하며 DR의 사업의 효율성을 크게 높일 수 있다.

산업현장에서는 이미 수년 전부터 에너지 비용 절감을 위해 스마트공장 솔루션을 도입해왔다. 풍력·태양광·바이오매스 같은 재생에너지로 전환은 직접적이지만, 투자금 대비 탄소 감축량

면에선 에너지 절감보다 효율성이 떨어진다. 바꿔 말하면, 에너지 소비만 줄여도 큰 탄소 감축 효과를 누릴 수 있다는 뜻이다.

빅데이터, 사물인터넷IoT, 인공지능AI 기술이 적용된 스마트공장 솔루션은 기업과 공장 내외부의 전력 사용량을 예측해 전력 낭비를 막을 수 있다. AI가 낭비 전력을 찾고, 노후 시설에 대한 유지보수 시기와 기기 수명이 정지하는 시기까지 알려줄 수도 있다. 해외에선 ABB, 슈나이더일렉트릭Schneider Electric 같은 글로벌 공장 자동화 기업들이 새로운 먹거리로 삼아 해당 영역에 적극적으로 진출하고 있다. 국내에서도 KT나 카카오까지 자회사를 통해 스마트공장 솔루션 사업에 뛰어들고 있는 상황이다.

혁신 스타트업도 속속 등장하고 있다. 한국과 미국에서 운영하는 스타트업 크로커스에너지는 클라우드 기반 에너지 관리 솔루션 '아셀로'를 개발했다. 아셀로는 인공지능을 통해 99% 이상의 정확도로 무수히 많은 지점의 전력 사용량을 실시간 예측한다. 정확도가 내려갈 경우 인공지능이 자동으로 데이터를 학습해 정확도를 올린다. 예측에 그치지 않고, 실제로 전력 설비를 제어해 에너지 효율성을 극대화한다. 크로커스에너지에 따르면 하드웨어를 교체하지 않고 단순히 아셀로를 사용하는 것만으로 전력 소비의 5%를 줄일 수 있다.

건물의 전력 사용량도 탄소중립을 위해 절감이 꼭 필요한 영역으로 꼽힌다. 건물의 냉난방기 교체, 주거 건물의 고효율 창호·LED 조명 교체 등은 투자비용이 낮지만, 직접적인 감축 효과가 크다. 글로벌 컨설팅 기업 맥킨지&컴퍼니의 분석에 따르면, 유럽에서 2050년까지 건물 운영의 탄소중립을 달성하는 데 필요한 비용은 이산화탄소 1t당 5유로다. 반면 교통산업에서 탄소중립을 달성하려면 t당 120유로가 들고, 농업도 탄소중립 달성에 25유로가 든다.

빌 게이츠가 이끄는 BEV가 건물의 에너지 절감을 돕는 스타트업 다수에 투자한 것도 건물 에너지 효율화의 중요성을 보여준다. 미국 에어로실airo seal은 공기 누출 방지 솔루션을 통해 가정이나 건물의 에너지를 절감하게 돕는다. 이용자는 태블릿 같은 모바일 기기로 실시간 건물의 공기 누출 상황을 모니터링 하고 대책을 수립할 수 있다. 미국 인베리드enVerid는 건물 공기정화와 통풍 솔루션을 통해 탄소 배출을 줄이고 에너지 소비를 절감하도록 돕는 기업이다.

미국 기업 턴타이드는 필요할 때 정확한 양의 전류만 흐르게 하는 스마트 모터 시스템을 개발했다. 에너지 효율을 높이는 방식으로 탄소 배출을 줄인다. 아마존과 BMW가 이 모터를 도입해 에너지 소비량을 평균 64% 줄였다. 턴타이드는 2040년까지 모든 건물의 모터가 바뀐다면 아마존 숲 7개만큼의 탄소 저감 효과를 낼 수 있다고 보고 있다.

국내 스타트업 나이와트는 데이터와 인공지능AI 기술을 활용해 도시에 숨어 있는 에너지 문제를 찾아낸다. 이 회사는 에너지 낭비가 심하거나 절감 효과가 높은 건물을 찾아내는 '에너지 맵'을 만들어 제공하고 있다. 에너지 맵은 수많은 건물 중 비용 투자 대비 에너지 절감과 탄소 저감 효과가 높은 건물을 찾아내 보여주는 서비스다. 건물의 크기·위치·용도·에너지 사용량 등 정형적인 정보와 날씨 변화·이용자 수·전력 이용 패턴 등 비정형적인 정보를 분석한다. 에너지 낭비가 심하거나 절감이 필요한 건물을 찾고 에너지 효율을 높이는 방법을 제시한다. 에너지 맵을 활용하면 불필요하거나 과도한 설비투자를 방지할 뿐 아니라 투자 대비 에너지를 최대한 절감하고 탄소를 감축하는 효과도 거둘 수 있다.

티보 심팔
우버 글로벌 지속 가능성 책임자

탄소중립에 기여하는
우버의 기술 혁신

티보 심팔Thibaud Simphal은 세계 최대 모빌리티 플랫폼 기업 우버에서 글로벌 지속 가능성 책임자를 맡고 있다. 우버 앱을 이용하는 운전자를 중심으로 전기차를 빠르게 확산하는 정책과 인센티브를 마련하고, 전 세계 우버 사무실과 데이터센터의 탄소중립 방안도 추진하고 있다. 보고서를 발간해 전 세계 우버 이용자들이 투명하게 자신의 탄소발자국을 확인할 수 있도록 지원하고 있다.

———

본문에 개인형이동수단(personal mobility, PM)과 마이크로모빌리티(Micro Mobility)가 혼용되어 쓰이는데, 같은 뜻으로 이해하면 된다.

심팔은 자동차 제조사뿐 아니라 전체 생태계가 힘을 합쳐야만 모두가 전기차를 사용하는 시대를 앞당길 수 있다고 강조한다. 세계 최대 플랫폼으로 우버의 경로 최적화를 통한 탄소감축 효과가 상당하며, 앞으로 다가올 자율주행 서비스도 탄소 배출량을 크게 줄일 수 있다고 설명한다. 특히 우버가 상업화된 자율주행 서비스를 확산하는 데 큰 기여를 할 것으로 전망하고 있다.

세계 최대 모빌리티 기업에서 탄소중립 정책을 추진하고 있는 그에게 탄소중립 시대 모빌리티 플랫폼의 책임과 역할에 대해 물었다.

Q. 디지털 플랫폼이 탄소중립에 기여할 수 있다고 생각하나요? 특히 모빌리티 플랫폼은 탄소중립에 어떻게 기여할 수 있나요? 세계 최대 모빌리티 플랫폼인 우버가 해마다 얼마나 탄소중립에 기여해 왔는지도 궁금합니다.

A. 기후는 마치 팀 스포츠 같습니다. 우버는 2025년까지 유럽 7개 주요 도시에서 탄소중립이 가능하도록 최선을 다할 것입니다. 2030년까지 유럽과 북미 전역, 2040년까지 세계 전역에서 탄소배출 제로를 달성하겠다는 것입니다. 그러나 이러한 목표는 다양한 이해 당사자들과 팀워크가 잘 이뤄져야만 달성이 가능합니다. 물론, 우버는 세계 최대 모빌리티 플랫폼으로 현재 기술을 뛰어넘어 전 세계적으로 영향력을 미친다는 것을 압니다. 우버는 플랫폼과 사업을 운영하는 도시들을 개선하고

녹색 경기회복과 녹색 성장을 전반적으로 지원하는 역할을 하고자 합니다. 우버 플랫폼이 운영되는 도시와 지역사회에서 지난 2년 동안 세 가지 액션 플랜을 도입했습니다. 기후 변화에 대응하고 운전자들이 빠르게 전기차로 전환하며 이용자들이 탄소배출을 줄일 수 있는 자율권을 줬습니다. 투명한 과정을 통해 개선에 책임을 다했습니다. 세 가지 액션 플랜은 다음과 같습니다.

첫째, 친환경 전기차나 하이브리드 차를 선택할 수 있는 '우버 그린'을 도입했습니다. 현재 3개 대륙, 15개 국가, 100곳이 넘는 주요 대도시에서 이용 가능하며, 내년쯤 훨씬 더 많은 지역으로 서비스를 확대할 계획입니다.

둘째, 전 세계적으로 8억 달러 자금을 투입해 2025년까지 수십만 명의 운전자가 전기차로 전환하도록 유도하고 있습니다. '멀티 모달 모빌리티Multi modal mobility(전기자전거나 킥보드 등 개인화된 이동수단으로 환승해 효율적으로 이동하는 추세를 뜻함)'에도 투자하여 우버 이용자들에게 지속 가능한 대안을 제공하려고 합니다.

마지막으로 이런 과정에서 책임을 갖고 대중, 투자자, 주주들에게 투명하게 행동하기 위해 운행 개선에 미친 환경 영향에 대해 보고하는 등 노력하고 있습니다. 투명한 보고와 ESG 측면에서 우버는 업계의 리더이자 모범 사례입니다. 예를 들어 저희는 두 가지 연례 보고를 합니다. 우버는 기업이 배출하는 탄소 배출량뿐 아니라 미국, 캐나다, 유럽에 제공되는 전기차의 탄소 배출량을 기후 평가와 성과 보고에 담고 있습니다. 또한 저희 IT 데이터 센터의 총배출량, 친환경적 노력, ESG 결과를 우버의 ESG 연례 보고에 담습니다. 이렇게 두 가지가 가장 중요한 연례 보고입니다.

2021년 상반기에만 유럽, 캐나다, 미국에서 우버 플랫폼 내 발생한 탄소 무배출 전기차 운행은 500만 건이었습니다. 그 해 12월에 북미와 유럽에는 1만 5,500명의 전기차 운전자들이 우버 앱을 사용했습니다. 우버는 가장 큰 전기차 네트워크를 가진 회사임을 입증해 승객들에게 상업용 교통수단으로 제공했습니다. 또 다른 예로 런던은 전 세계 다른 주요 대도시보다 우버 앱 내에서 100% 전기차를 가장 많이 운행합니다. 오늘날 런던에서 열 번 중 한 번의 운행은 전기차 운행입니다. 리스본 같은 도시에서는 더 자주 운행합니다. 이것이 전 세계 최대 모빌리티 플랫폼인 우버가 탄소중립에 기여하기 위해 노력입니다.

Q. 경로 최적화가 탄소절감에 미치는 영향은 얼마나 된다고 보시나요? 또 AI 같은 첨단 기술이 탄소절감에 얼마나 도움이 되는지도 궁금합니다.

A. 모빌리티 플랫폼은 효율성을 높입니다. 전반적으로 미국과 캐나다 우버 플랫폼 내 발생하는 모든 운행은 전통적인 택시보다 탄소 집약도를 34% 더 낮췄습니다. 저희가 선도하는 기술

은 최적의 경로를 계산하여 운전자가 에너지를 절약하고 탄소 배출을 제거하는데 도움을 줍니다. 우버의 알고리즘은 최적의 경로를 위해 단순히 가장 짧은 거리를 안내하는 데 그치지 않고, 장애물을 피하고 이용자 및 운전자의 위치와 최적의 효율적인 경로를 파악하는 등 많은 요소들을 고려한다는 것을 의미합니다. 결과적으로 도로 상의 탄소 배출을 크게 줄이는 효과를 기대할 수 있습니다.

우버풀(합승 서비스)과 우버엑스(승차공유 서비스)의 새로운 버전을 몇몇 도시에서 출시하고 있습니다. 이용자 매칭을 도와 탄소배출 효율성을 높여 승객 이동 거리(㎞) 당 배출량을 감축합니다. 마지막으로 자율주행처럼 고도 기술은 지속적이고 안정적인 속도로 운행이 되는데, 이는 탄소배출 감축에 많은 도움이 될 수밖에 없습니다. 우버는 이 분야 관련 많은 기술과 플랫 제공자들과 적극적으로 협업하며 자율주행 산업계의 선두주자가 되기 위해 노력하고 있습니다. 자율주행은 지금까지 도전적인 과제였지만 빠르게 가속화되고 있습니다. 기술이 준비되면 자율주행차량을 상업용으로도 최적화할 수 있을 것입니다. 이러한 모든 방법들이 탄소중립에 기여하고 탄소 집약도를 감축할 수 있는 방법이라고 생각합니다.

Q. 일반적으로 전동킥보드 같은 개인형 이동수단PM은 탄소중립에 기여하는 것으로 알려져 있습니다. 이 같은 전기 기반 탈것의 확산에

플랫폼이 할 수 있는 긍정적인 역할은 무엇입니까?

A. 도시 모빌리티의 지속 가능한 미래는 네 바퀴 달린 자동차의 탈탄소에만 기댈 수 없습니다. 우버는 가능한 제품과 시장의 수를 지속적으로 확장하고 있습니다. 이용자들이 자동차 외에 대안이 될 수 있는 교통수단을 많이 사용하도록 하고 있습니다. 전기 모페드, 전기 자전거, 전기 스쿠터 등이 있습니다. 전기 스쿠터를 운행하는 일부 도시나 플랫폼의 파트너들이 많은 수의 운행을 하고 있어 주간·연간 단위로 의미 있는 숫자를 보이고 있습니다. 많은 사람들의 이동에 의미 있는 교통수단이 됐습니다. 협력사들은 우버 플랫폼이 운영되는 도시들로 구성된 커다란 네트워크뿐만 아니라, 전 세계 모든 운전자 기반 모빌리티 플랫폼에서도 이익을 얻습니다. 현재 운전자들은 전 세계 110곳 이상의 대도시에서 운영되는 우버 앱에서 다양한 탈 것을 선택할 수 있습니다. 이는 2020년보다 2배가 넘는 규모입니다. 빠른 속도로 많은 도시에서 멀티 모달 옵션 포트폴리오를 만들어가고 있습니다.

Q. **미래 탄소 배출 절감을 위해 우버가 어떤 연구와 노력을 하고 있나요?**

A. 현재 정말 많은 연구를 하고 있습니다. 기후 변화의 위기 속에 적극적으로 대처하고 코로나19 이후의 도시 재건을 지원하기 위해 여러 관계자와 협력하는 것이 우리의 주 과제입니다. 세계자원연구소WRI와 같은 기관과 협력하여 환경을 새롭

게 바꾸는 것과 더불어 시에라클럽Sierra Club, 그리드 얼터너티브GRID Alternatives 등과 협의해 변화에 대응하고 점차 발전시키는 방법을 모색하고 있습니다. 주요 자동차 회사인 르노, 닛산, 포드, 테슬라와 같은 협력사들과 함께 하고 있습니다. 우버는 다수의 충전공급 업체, 충전 네트워크 및 공급과 관련한 모든 리더들과 협력하고 있습니다. 운전자들이 전기차를 더 많이 이용할 수 있도록 혁신적이고 가격을 낮출 수 있는 방안을 모색하고 있습니다. 우버는 협력사들과 힘을 모아 도시 교통편의 탈탄소화를 지원하는 정책을 지지합니다. 궁극적으로 저소득 계층과 소수집단이 전기차를 이용할 수 있도록 장려하고 있습니다.

기본적으로 우버의 노력은 전 세계 110개 이상의 대도시에서 이용할 수 있는 우버그린처럼 편리하고 저렴한 저공해 제품을 개발하는 것을 포함합니다. 운전자가 가능한 한 빨리 친환경적인 전기차로 무사히 전환할 수 있도록 지원합니다. 우버 앱을 통해 대중교통과 마이크로모빌리티 등 개인이 소유하고 있는 자동차에 지속 가능한 대안을 제공하는 옵션을 확장하고 있습니다. 우버가 배출하는 온실가스의 양 등 환경에 미치는 영향을 공개함으로써 대중에게 투명하고 책임감 있는 모습을 보이려고 노력하고 있습니다.

Q. 전 세계 모빌리티 플랫폼이 탄소중립을 위해 나아가야 할 방향은 무엇이라고 생각하나요?

A. 첫 번째로 운전자가 전기차를 탈 수 있도록 돕는 것이 모빌리티 플랫폼의 가장 중요한 역할입니다. 전 세계적으로 수백만 명의 운전자들이 매일 우버 플랫폼을 이용합니다. 우리는 그들이 가능한 한 빨리 전기차를 사용할 수 있도록 지원해야 합니다. 둘째, 모빌리티 플랫폼은 기후 개선을 위해 보고서를 발간하는 등 투명성과 책임감을 더해야 합니다. 우버는 '탄소중립과 전기차로 전환'이라는 야심 찬 목표를 가장 먼저 제안하지는 않았습니다만 이 목표를 실현하는 최초의 플랫폼이 되고자 합니다. 지속 가능한 대안을 놓고 우버와 다른 모빌리티 플랫폼들이 경쟁하는 것은 유익한 일이 될 것입니다. 오늘 이 자리에서 요청합니다. 다른 모빌리티 플랫폼도 우버와 같은 방향성을 가지길 권합니다. 도시와 운영자, 충전 인프라 공급업체 같은 외부 협력사를 비롯해 자체 생태계 간의 '팀 스포츠'가 될 것으로 예상합니다. 특히 모빌리티 플랫폼의 경쟁은 전기차 전환의 장벽을 낮추는 경쟁이 되어야 합니다. 이는 산업의 혁명이자 서비스의 혁명입니다. 기술의 혁명이기도 합니다.

또한, 우버는 전기차 도입에 따른 경제적 장벽을 극복하기 위해 큰 노력을 기울이고 있습니다.

첫 번째는 교육입니다. 모든 주요 시장에 걸쳐 운전자를 위한 폭넓은 교육 프로그램을 실시하고 있습니다. 현재 소유하고 있는 자동차의 총 소비비용을 이해하고, 전기차로 바꾸는 것이 왜 더 이득인지 이해할 수 있도록 했습니다.

두 번째는 인센티브입니다. 운전자들이 전기차로 전환하는 결정을 쉽게 하고, 비용적 측면에서 매력적으로 만들고 싶어 합니다. 이를 위해서는 우버가 다양한 형태로 제공하는 금전적인 인센티브가 수반되어야 합니다.

세 번째는 비용 절감입니다. 우버는 대략 전기차 생태계의 리더 30여 곳과 제휴해 운전자가 비용을 절감할 수 있도록 지원하고 있습니다. 운전자는 우대 조건, 할인, 충전 수단에 쉽게 접근할 수 있어야 합니다. 보험과 대출 지원과 관련해 우버는 기아의 e-니로, 현대의 코나, 닛산의 리프, 테슬라 모델3와 실험을 진행하고 있습니다.

네 번째는 파트너십을 통해 전기차 충전 인프라에 투자하는 것입니다.

마지막 방법은 정책을 지지하는 것입니다. 정책은 시장을 주도합니다. 그렇기 때문에 우버는 협력사들과 힘을 모아 도시의 교통 탈탄소화를 지원하는 정책을 지지하고 있습니다.

우버가 가고 있는 길은 전 세계의 모빌리티 플랫폼들이 탄소 중립을 위해 나아가야 할 방향입니다. 우버가 기꺼이 택한 가치 있는 길이며 최선을 다하고 있는 부분입니다.

생존을 위한
기후변화 대응 기술

C테크는 단순히 온실가스 배출을 줄이는 기술이 아니다. 이산화탄소 배출에 따른 지구 온난화 환경에 적응하기 위한 기술도 C테크의 영역이다. 세계 각국이 지구 온난화를 막기 위해 힘을 쏟고 있지만, 현실적으로 어느 정도 온도 상승을 피하긴 어렵다는 게 중론이다. C테크는 그만큼 중요하다.

C테크의 영역은 광범위하다. 기후변화 모니터링과 예측, 재난 피해 저감 및 복원, 변화한 환경에서 식량 생산을 위한 농축산까지 폭넓은 분야에 걸쳐 있다. 인공지능, 클라우드 같은 정보기술뿐 아니라 유전자가위 같은 바이오 기술까지 다양한 기술이 동원된다.

한국이 이산화탄소 배출을 줄이는 기후변화 완화에 집중하는 사이 세계 주요 국가들은 기후변화 적응 기술에 힘을 쏟고 있다.

기후변화 적응 방안이 동등한 수준으로 중요하다고 보기 때문이다. 2015년 12월 제21차 유엔기후변화협약 당사국총회COP21에서는 적응을 감축과 동등하게 다루고, 협약 당사국의 국가적응계획 수립과 행동·이행을 통해 적응의 진척 상황을 주기적으로 보고하도록 했다. 2016년 11월부터 195개 협약 당사국이 이를 이행하게 됐다.

기온·강수량·이상기후 등 기후변화 관측·예측 기술

기후변화 대응은 온실가스와 기후 현상을 관측하고 이를 실시간 추적하며 축적한 데이터를 바탕으로 기후 징후나 재난 등을 예측하는 것에서 시작한다. 특히 위성과 인공지능이 만나면서 관측부터 예상까지 정교함이 크게 향상되고 있다.

구글은 이미 2016년 연례 개발자 콘퍼런스에서 인공지능을 활용해 기후변화를 연구하고 있다고 밝힌 바 있다. 순다 피차이Sundar Pichai 구글 CEO는 당시 "수퍼 컴퓨터와 기계학습(머신러닝)이 기후변화와 의료문제를 해결하길 바란다"고 강조하기도 했다.

이후 구글은 2020년 인공지능으로 5~10분 만에 최대 6시간 이후 날씨를 예측하는 프로그램을 선보였다. 기존의 날씨 예측 시스템은 갑작스러운 기상 변화에 대응하기 힘들다. 예를 들어 미국

해양대기청은 하루 100테라바이트(TB)에 달하는 원격탐지 데이터를 수집한다. 이를 슈퍼컴퓨터 날씨예측 엔진에 입력하는 방식으로 열흘 정도의 세계 날씨 흐름을 예측한다. 그러나 날씨예측에 6시간이 소요된다. 그만큼 대응 속도가 떨어질 수밖에 없다. 반면 구글이 개발한 AI 기반 기상 예측 모델 '나우캐스트Nowcast'는 단 5~10분 만에 기상을 분석한다.

구글뿐 아니라 해외에선 이미 빅데이터와 인공지능AI, 위성 기술을 활용해 기후를 예측하고 재난 위험을 대비하며 완화하는 서비스가 개발되고 있다. 미국 '원콘선One Concern', '쥬피터 인텔리전스Jupiter Intelligence' 등이 대표적이다.

미국 스타트업 '파차마Pachama'는 기계학습, 위성 이미지, 드론 및 라이더 기술을 결합해 산림 보호 및 복원에 기여한다. 복원된 산림이 흡수하는 탄소를 확인하고 감시하는 인공지능 원격 감지 플랫폼도 제공한다.

미국 탄소배출 데이터 소프트웨어 스타트업 '페르세포니Persefoni'는 기업의 탄소 배출량을 측정, 분석, 계획, 예측 및 보고하도록 설계된 클라우드SaaS 플랫폼을 제공한다.

한국에서도 위성을 통한 온실가스 모니터링이 진행되고 있다. 인공위성 시스템 전문업체 쎄트렉아이의 자회사 '에스아이아이에스SIIS'는 아리랑 위성 2호, 3호, 3A호, 5호 위성영상을 판매하는 기업이다. 위성 영상은 지도 제작이나 농업의 재난 재해 관측과 같은 원격 탐사 분야에 활용되고 있다. SIIS는 2021년 온실가스

모니터링 전문 위성회사인 '지에이치지샛GHGSat'과 동아시아 최초 파트너십 계약을 체결했다. 주요 목적은 한국에서 메탄 배출 데이터를 원격으로 감시하는 것이다.

C테크로 해결하는 기후변화 식량난

유전자가위 기술도 대표적인 C테크로 꼽힌다. 이 기술은 지구 온난화에 따른 식량 문제 해결에 큰 도움이 될 것으로 주목받고 있다. 예를 들어 유전자가위 기술을 활용해 지금보다 온도나 이산화탄소 농도가 높아져도 잘 자라는 작물을 만들 수 있다. 온난화에 맞서 식량 생산 피해를 방지하는 기술이 될 수 있는 것이다. 특히 한국은 유전자가위 분야에서 세계 최고 수준의 경쟁력을 확보하고 있다.

작물에게 최적의 환경을 유지해주는 스마트팜 기술도 문제 해결에 기여할 수 있다. 데이터를 기반으로 실시간 생육 조건을 자동 제어하는 스마트팜은 기후변화에 따른 농작물 생산의 피해를 최소화한다. 수경재배 기술까지 더해지면, 농촌뿐 아니라 도심 곳곳의 유휴 공간에서 작물을 재배하는 것이 가능해진다. 예를 들어 수직형 스마트팜은 건물이나 지하철 역 안에서 빛, 공기, 열 등을 인공적으로 제어해 날씨나 계절 변화에 따른 영향을 최소화한다. 일종의 실내 농장인 셈이다. 수직형 스마트팜은 인공지능, 사물

인터넷IoT 등 첨단 기술을 활용해 최적의 온도와 습도를 유지할 수 있다. 발광다이오드LED로 태양광 역할을 대체하게 해 실내에서도 작물을 키울 수 있다. 지구온난화에 따른 이상 기온에서도 농작물을 생산할 수 있다. 실제로 농촌진흥청은 '2020 수직형 스마트팜 구축' 사업을 추진해 지하철 역사처럼 실내 공간에 스마트팜을 구축하기도 했다.

해수면 상승에 대응하는 해상 도시와 인공섬 기술

지구 온난화에 따른 해수면 상승에 대응하는 기술도 필수다. 육지가 줄어들면 이에 상응하는 주거 및 활동 공간을 마련해야 한다.

특히 수몰될 도서·연안 지역 주민을 이주시킬 대안으로는 해저도시나 해상도시 등 다양한 방안이 검토되고 있다. 이 가운데 해상 인공도시 '플로팅아일랜드floating island'가 큰 주목을 받고 있다.

3면이 바다인 한국도 예외가 아니다. 2021년 11월 부산시와 유엔 해비타트UN-HABITAT, 미국 해상도시 개발기업 오셔닉스Oceanix가 세계 최초 지속 가능한 해상도시 추진을 위한 양해각서를 체결했다. 축구장 8개를 합친 크기로 시범 모델이 조성될 예정이다.

해상 인공도시는 인류의 피난처이자 환경오염 없이 에너지, 식량을 자급자족하는 혁신 도시다. 친환경 에너지 기술부터 다양한 기술이 적용될 것으로 예상된다. 특히 오셔닉스는 친환경 인공

바위인 '바이오락biorock' 기술을 활용할 것으로 알려졌다. 바이오락은 바다에 철근 구조물을 침수한 뒤 여기에 전류를 흘려 바닷물에 녹아 있는 미네랄을 굳힌 것이다. 해상 도시를 받치기 위한 인공 구조물을 콘크리트로 만들 경우 생태계가 망가진다. 반면 인공 산호초 역할을 하는 바이오락은 산호, 해초 같은 해양 생태계를 복원하는 효과가 있어 일석이조다.

인공 에너지섬 또한 C테크의 예로 들 수 있다. 인공섬을 만든 만큼 재생에너지를 생산할 육상 공간을 다른 용도로 활용할 수 있기 때문이다. 덴마크는 2033년까지 북해와 발트해에 세계 최초 인공 에너지섬을 건설하기로 했다. 이 인공섬에서는 해상풍력으로 전력을 생산한다. 이를 육지로 보내거나 선박에 직접 공급해 외부에 전력을 공급한다. 인공 섬 프로젝트로 만들어질 섬 2곳의 발전 설비용량은 총 12GW에 달한다. 최대 1,200만 가구에 전력을 공급할 수 있는 수준이다.

3부

○

C테크 경주의
승자가 되기 위한 전략

한국 C테크 혁신 가로막는 장애물

2021년 4월 기후정상회의를 시작으로 같은 해 11월 영국 글래스고에서 열린 COP26에서는 세계 경제의 90%에 해당하는 135개국이 2050년까지 이산화탄소 등 온실가스 순배출을 '0'으로 만드는 탄소중립에 동참할 것을 약속했다. 전 세계 탄소중립 추진 현황을 추적 조사하는 넷 제로 트래커에 따르면 이미 46개국은 탄소중립 정책을 명문화해 추진 중이다. 이 가운데서도 한국을 비롯한 유럽연합EU, 영국, 독일, 일본, 캐나다 등 14개국은 탄소중립 달성을 법으로 명시했다.

한국은 2020년 12월 문재인 대통령이 '2050 대한민국 탄소중립 비전'을 선언하면서 정책 도입에 속도를 냈다. 온실가스 배출량이 최대치를 기록한 배출정점에서부터 탄소중립 목표 시점까지 주어진 시간은 EU의 경우 60년, 미국은 43년, 일본은 37년이다.

이들보다 늦게 배출정점(2018년)에 도달한 한국은 32년이다. 주요 국보다 더 가파르게 탄소 감축을 해야 한다는 뜻이다.

하지만 한국의 기후변화 대응 기술 수준은 주요국에 못 미치는 상황이다. 국가과학기술연구회 산하 녹색기술센터GTC의 조사 결과에 따르면 한국의 기후변화 대응 기술 수준은 미국의 80%이며 기술격차는 3년으로 분석됐다. 같은 기준으로 보면 EU는 미국의 96%, 일본은 90%, 중국은 78%의 기술력을 보유한 것으로 조사됐다. 기후변화 대응 기술, 즉 C테크는 온실가스 배출을 줄이거나 없애는 기후변화 완화 기술과 극단적인 기후·환경에 적응하기 위한 기후변화 대응 기술을 통칭한다.

시장성 부족한 C테크 투자

기후Climate · 탄소Carbon · 청정Clean 기술을 포괄하는 C테크 확보를 위한 글로벌 레이스 속에서 한국은 에너지 전환 투자 규모는 상위권이지만, 투자 매력도 측면에선 중위권을 맴도는 것으로 조사됐다. 정부 주도로 대규모 투자가 이뤄지고 있지만 민간 투자자들에겐 매력적인 시장이 되지 못하고 있다는 의미다. 이러한 미스매치가 발생하는 주요 원인으로는 정부 정책이 단기적인 안목에서 수립되고 있다는 점과 한국 에너지 시장이 비효율적으로 작동하고 있다는 점이 꼽혔다.

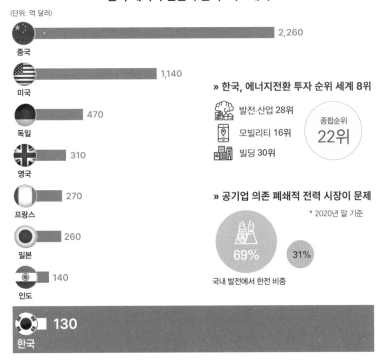

한국 에너지 전환 부문의 '미스매치'

(단위: 억 달러)

중국 2,260
미국 1,140
독일 470
영국 310
프랑스 270
일본 260
인도 140
한국 130

» **한국, 에너지전환 투자 순위 세계 8위**

발전·산업 28위
모빌리티 16위
빌딩 30위

종합순위
22위

» **공기업 의존 폐쇄적 전력 시장이 문제**
* 2020년 말 기준

69% **31%**

국내 발전에서 한전 비중

자료: 블룸버그 NEF '클라이밋 스코프'

우선 절대적인 투자 규모 면에서 한국은 세계 선두그룹에 속하는 것으로 나타났다. 블룸버그NEF에 따르면 2021년 한국의 에너지전환 투자 규모는 130억 달러(약 16조 원) 수준으로 중국(2,260억 달러·약 280조 원), 미국(1,140억 달러·약 141조 원), 독일(470억 달러·약 58조 원) 등에 이어 세계 8위 수준이다. 한국 경제 규모에 비해 상대적으로 더 많은 금액을 에너지전환, 즉 C테크에 투자하고 있는 셈이다. 하지만 한국 C테크 시장에 대한 투자 매력도는 중위권을 맴도는 것으로 나타났다.

블룸버그NEF '클라이밋 스코프'는 발전·산업, 모빌리티, 빌딩 이렇게 3가지 측면에서 세계 각국 시장을 평가하는 데 한국은 발전·산업 부문에서 28위, 모빌리티 부문에서 16위, 빌딩 부문에서 30위에 그쳤다. 3가지 부문을 종합한 한국 순위는 22위였다. 블룸버그NEF '배터리 공급망 순위'의 경우 한국이 주도하는 세계 배터리 시장에서 한국의 배터리 공급망 경쟁력은 2020년 3위에서 2021년 10위로 떨어졌다.

정부의 투자뿐 아니라 민간 자본이 C테크 시장에 유입돼야 혁신 생태계가 구축될 수 있지만, 이 같은 선순환이 이뤄지지 않는 것이다. 공동연구팀은 이 같은 문제가 발생하는 첫 번째 원인으로 한국의 비효율적 에너지 시장을 꼽았다. 전력 시장이 폐쇄적이다 보니 민간 부문의 투자가 유입되지 않고 경쟁을 통한 혁신이 일어나지 않는다는 것이다.

공동연구팀은 정부 정책이 단기적인 시각에서 수립되고 있다는 점도 문제점으로 지적했다. 대표적인 게 수소 정책이다. 블룸버그NEF에 따르면 한국은 정부와 기업이 국내총생산GDP의 0.04%에 해당하는 8억 달러를 수소 기술에 쏟아붓고 있다. 세계 최고 수준이다. 한국 기업이 공식적으로 발표한 향후 투자 규모만 해도 420억 달러에 이른다. 하지만 이 막대한 돈 대부분이 시장성 없는 연료전지 승용차와 건물 난방, 생산 과정에서 많은 양의 온실가스를 배출하는 그레이수소에 집중돼 있다. 그린수소 예산은

경제성 부족한 연료전지차수소충전소에 쏠린 한국 수소경제 예산

68%
* 2021년 기준

수소경제 예산에서
연료전치차량·
수소충전소 비중

자료: 블룸버그NEF

그레이수소 예산의 10분의 1 수준인 약 1,400만 달러에 불과하다. 이마저도 대부분 수입에 의존하고 있다.

수소 기술이 교통수단의 동력을 제공하고, 전기를 생산하도록 적용되기 위해서는 원료인 수소, 그중에서도 화석연료를 이용하지 않고 생산한 청정수소가 필요하다. 수소는 물이 재생에너지로 생산되어 전기로 분해하는 그린수소, 메탄과 물을 반응시켜 생산한 그레이수소, 그레이수소의 생산 과정에서 발생한 이산화탄소를 포집한 블루수소 등으로 분류된다. 이 가운데 그린수소와 블루수소가 탄소 감축에 도움이 되는 청정수소로 꼽힌다.

한국의 지리적 여건상 재생에너지를 이용해 그린수소를 생산하는 비용이 비싼 만큼 정부는 그린수소 수입과 블루수소 생산에 초점을 맞춰 수소를 공급한다는 계획이다. 정부는 2030년 전체 수소 공급량 390만t 가운데 절반에 해당하는 196만t을 수입하고, 43%에 해당하는 169만t은 블루·그레이수소의 국내 생산으로 충당한다는 방침이다. 하지만 이렇게 되면 안정적인 수소 수급이 어려울 뿐만 아니라 외부 요인에 국내 산업과 에너지가 크게 흔들릴 수 있는 위험이 있다.

청정수소 생산에 온실가스 배출이 없는 원전을 활용할 수도 있지만 한국 정부는 원전 사업자의 수소 생산을 금지하고 있어 국내에서 청정수소 생산을 확대할 방안은 묘연한 실정이다. 원자로에서 발생하는 열과 전기를 모두 사용해 수소를 생산하는 '고온 전기분해법'이라는 새로운 접근법도 있다. 차세대 소형모듈형원자로SMR의 일종인 '초고온가스로VHTR'를 활용한 것인데 VHTR은 전기를 생산하면서 900도 이상의 열(고온 스팀)을 함께 생산해 이 같은 원자력 청정수소 생산에 유리하다.

연속성 없는 정부 정책

한국에는 선도국과의 C테크 기술격차를 좁힐 기회가 충분히 있었다. 실제로 정부가 추진 중인 탄소중립 관련 R&D 사업은 대부분 2008년 이명박 정부가 '저탄소 녹색성장'을 국가비전으로 내걸고 추진했던 녹색기술 R&D 사업과 상당 부분 내용이 겹친다. 태양광, 발전용 연료전지 등 신재생에너지와 그린 모빌리티 사업이 대표적이다. 10여 년 전 추진했던 사업이 제대로 된 성과를 냈다면 목표까지 비슷한 내용의 R&D 사업을 반복할 이유가

한국 C테크 혁신 가로막는 장애물

허송세월 정부	산학 전문가 패싱
뚜렷한 목표·성과 없는 R&D 시급성 고려 않는 예산 심의	정치·시민단체에 휘둘린 정책 산업계 무시한 일방적 계획
에너지 생태계 붕괴	'원팀' 전략 실종
탈원전에 무너진 원전 업계 재생에너지 투자 편중	국외 감축 등 해외연계 취약 선진국과 기후기술 협력도 미진

없었을 것이다.

그러나 정권이 바뀔 때마다 정책이 오락가락하면서 연속성 있게 사업이 추진되지 못했다. 이명박 정부가 저탄소 녹색성장의 핵심 사업으로 4대강 사업을 내세우면서 녹색성장의 의미가 퇴색됐고, 관련 정책은 정권이 바뀌며 사장되다시피 했다. 문재인 정부의 탄소중립을 앞세운 '한국판 그린뉴딜 사업'을 두고 "지금은 맞고 그때는 틀리냐"는 이야기가 나오는 이유다. 그 사이 R&D 사업은 실질적인 성과로 연결되지 못했다. 그나마 개발된 기술들도 대부분 사장됐다. 결과적으로 허송세월을 보냈다.

에너지 정책도 마찬가지다. 이명박 정부는 '제1차 국가에너지기본계획(2008~2030)'에서 고유가와 온실가스 감축에 대응하기 위해 전체 발전설비 중 원전 비중을 2007년 26%에서 2030년 41%까지 확대하겠다고 밝혔다. 하지만 '제3차 에너지기본계획(2019~2040)'에서 이 비중은 문재인 정부의 탈원전 정책으로

10.1%(2034년)까지 쪼그라들었다. 한국전력에 따르면 2021년 원전 발전설비 비중은 17.6%로 2007년보다도 오히려 8.4%포인트 가량 줄었다. 탈원전 여파로 세계 최고 기술력을 인정받은 한국의 원전 산업 생태계는 걷잡을 수 없이 무너졌다. 탈탄소 에너지 전환의 핵심 수단을 스스로 포기한 격이다. 경쟁력이 떨어지는 태양광, 풍력 등 재생에너지 투자에만 몰두했다.

전문가 무시한 비현실적 계획

정부가 정치적 목적을 앞세우다 보니 국가 R&D 방향 설정에 중요한 역할을 해야 할 산업계와 학계 전문가들의 의견이 정책에 제대로 반영되지 못했다. 서로 비슷하거나 유명무실한 자문 위원회만 우후죽순 늘어나 제 기능을 하지 못했다. 행정안전부 정부조직 관리시스템에 따르면 '녹색성장위원회' '지속가능발전위원회' '2050 탄소중립위원회' 등 기후변화 대응 관련 위원회만 20여 개에 이른다(2021년 12월말 기준). 탄소중립의 핵심 중 하나가 에너지 전환임에도 불구하고 정작 정부가 2021년 5월 관계 부처 18곳 장관과 민간위원 75명 등으로 구성한 '탄소중립위원회 1기'에는 원전 등 에너지 전문가는 1명도 포함되지 않았다.

정치적 성격의 환경 시민단체 등 비전문가들에게 휘둘린 정책은 비과학적인 의사결정과 비현실적인 탄소중립 추진 전략으로 이어졌다. 대표적인 것이 철강 산업의 탄소중립이다. 정부가 2021년 10월 발표한 〈2050 탄소중립 시나리오안〉에 따르면 철강 업계는 2050년까지 공정을 100% 수소환원제철로 전환해 탄소 배출을 2018년 대비 95% 감축해야 한다. 하지만 수소환원제철은 세계적으로도 본격적인 상용화 시점을 2050년 전후로 보고 있는 개발 초기 기술이다. 그 이전까지는 탄소 배출을 줄이려면 공정 효율을 높이거나 철강 생산량을 줄이는 수밖에 없다.

기술이 확보된다 하더라도 국내 철강 생산량이 연간 7,000만t 수준임을 고려하면 수소환원제철 전기로에 필요한 막대한 양의 수소(연간 630만t)와 외부전력을 경제적이고 안정적으로 수급할 수 있을지도 미지수다. 제철소 내에서 대부분 자체적으로 생산해 공급했던 전력을 모두 외부에서 끌어와야 하고, 철을 녹이는 용광로를 전기로로 대체하는 만큼 전력 수요 역시 폭증할 것으로 예상된다. 현실적으로 2050년까지 100% 공정 전환은 불가능하다는 게 전문가들의 중론이다.

비용도 만만치 않다. 한국철강협회는 국내에 수소환원제철 기술을 적용하는 데만 109조 4,000억 원이 든다고 추산했다. 여기에 수십 년 이상 사용할 수 있는 용광로를 조기 폐쇄하면서 발생하는 자산 매몰 비용까지 더하면 비용은 더욱 늘어난다. 개별 기업이 감당하기 벅찬 규모다. 탄소중립을 달성하려다 자동차, 선박 등 제조업은 물론이고 교량 등 도시의 근간이 되는 철강 산업을 사장시킬 수 있다는 우려도 나온다.

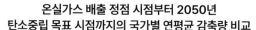

온실가스 배출 정점 시점부터 2050년
탄소중립 목표 시점까지의 국가별 연평균 감축량 비교

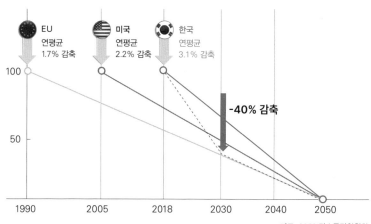

자료: 2050 탄소중립위원회

　무리하게 높인 2030년 NDC도 C테크 확보를 오히려 가로막고 있다. 장기간에 걸쳐 산업 구조를 근본적으로 바꿔야 하는 문제인데 정부도 기업도 당장 코앞의 감축 목표를 맞추는 데만 급급하게 될 수밖에 없다는 것이다. 정책입안자들이 과학기술을 요술방망이처럼 생각하는 것도 문제다. 목표만 높게 세운다고 해서 기술이 확보되는 것은 아니기 때문이다.

　2021년 11월 영국 글래스고에서 열린 COP26에서 한국은 NDC 상향안을 제출했다. 정부는 온실가스 배출량을 2018년 대비 2030년까지 40% 감축하기로 하면서 기존 감축 목표치인 26.3%에서 13.7%포인트 상향했다. 이 같은 목표를 탄소중립·녹색성장기본법을 통해 명시해 법제화했다. 이를 달성하려면 한국은 2030년까지 매년 온실가스 배출량을 전년도의 4.17%씩 줄여야 한다. 미국과 영국의 연간 감축 목표(2.81%)보다도 훨씬 높은 수준이다.

뿔뿔이 흩어진 R&D 사업은 꼭 필요한 기술 확보를 더디게 만들거나 불필요한 기술에 과도한 예산을 투입하는 미스매치를 만들었다. 시기적으로 정부가 탄소중립 투입 예산을 늘릴 때는 연구 제안서의 키워드나 테마만 적당히 탄소중립에 부합하면 쉽게 연구비를 나눠줬다. 일각에서는 '연구비를 보조금처럼 뿌린다'는 비판이 제기됐다. 사안의 시급성이나 중요성을 고려하지 않고 형평성만을 내세운 R&D 예산 심의 방식이나 규제도 C테크 혁신을 가로막고 있다.

사라진 국내외 '원팀' 전략

기후변화 대응 역량 역시 분산됐다. '원팀' 전략이 없었다. 기업과 정부 부처는 뿔뿔이 흩어져 각자도생을 꾀해야 했다. 국내외에 걸쳐 도움을 주고받는 협력 네트워크를 만들지 못했다. 온실가스의 국외감축ITMO은 에너지 효율 개선과 친환경 에너지 전환이 상당히 진전된 선진국에게는 국내 감축 부담을 경감할 수 있는 새로운 수단으로 주목받고 있다. 상대적으로 감축 잠재량이 많은 개발도상국과의 활발한 협력이 필요한 이유다.

주요국 국외감축(ITMO) 관련 협업 현황

 일본
- 해외에서 2만 1,800t 탄소크레딧 확보
- ITMO 거래 1호 국가 예상

 스위스
- 6개 국가와 10개 프로젝트 진행
- 총 5,400만t 크레딧 협정 추진

 스웨덴
- 2020년 시작, 7개 국가와 협업
- 10개 프로젝트 진행중

 한국
- 1개국(베트남) MOU 체결

전문가들은 탄소중립이라는 목표가 분명한 R&D는 정부가 탑다운Top-down 방식으로 추진하면서 실질적으로 탄소중립에 기여할 수 있는 기술은 전문연구가에게 집중 투자해야 한다고 강조한다. 예컨대 석탄화력 발전소 굴뚝에 장착한 탄소를 포집하는 기술은 석탄화력 발전소가 퇴출된 이후에는 쓸모가 없다. 이런 기술은 시간이 지남에 따라 점점 수요가 줄어든다. 반면 SMR처럼 2030년을 기점으로 시장이 폭발적으로 성장할 것으로 예상되는 기술의 경우에는 적극적인 투자와 시장 선점이 필요하다.

C테크 강국으로 거듭나기 위한 승리공식 GRIP

Growth : C테크 중심의 경제 성장

갈수록 치열해지는 글로벌 C테크 경쟁에서 승리하기 위해선 C테크를 바라보는 우리의 시각부터 근본적으로 바꿔야만 한다. 탄소중립이란 목표를 달성할 수단으로서가 아니라 C테크 그 자체를 대한민국의 미래성장 동력으로 보고 집중적인 투자에 나서야 한다.

GTC에 따르면 2020년말 기준 국내 C테크 산업의 매출액 규모는 168조 6,852억 원, 일자리 규모는 18만 951명이었다. 연구개발비 투자 규모는 7조 2,914억 원으로 우리나라 GDP의 0.3% 수준인 것으로 조사됐다.

투자를 대폭 확대하면 엄청난 경제적 효과를 기대할 수 있다.

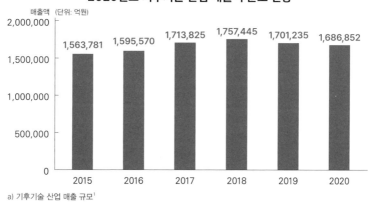

2020년도 기후기술 산업 매출액 분포 현황

매출액 (단위: 억원)

	2015	2016	2017	2018	2019	2020
	1,563,781	1,595,570	1,713,825	1,757,445	1,701,235	1,686,852

a) 기후기술 산업 매출 규모[1]

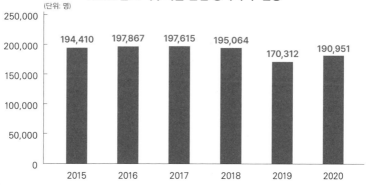

2020년도 기후기술 산업 종사자 수 현황

(단위: 명)

	2015	2016	2017	2018	2019	2020
	194,410	197,867	197,615	195,064	170,312	190,951

a) 기후기술 산업 종사자 수 규모[30]   자료: 국가과학기술연구회 산하 녹색기술센터(GTC)

〈매일경제〉와 전국경제인연합회가 김현석 부산대 경제학과 교수에게 의뢰해 연구한 결과 C테크 투자가 약 1조 원 늘어날 때마다 관련 매출은 25조 원, 일자리는 12만 5,000개씩 증가하는 것으로 나타났다. 시뮬레이션 결과 C테크 투자를 물가상승률 등을 반영해 현행 규모로 유지만 하는 경우 2030년 투자액은 10조 8,110억

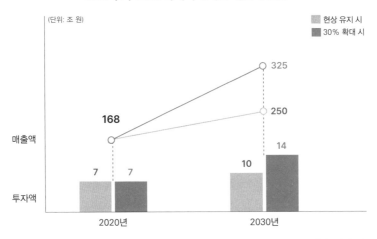

R&D 투자 30% 확대시 C테크 매출액 전망

(단위: 조 원)

■ 현상 유지 시
■ 30% 확대 시

325

250

168

매출액

투자액

7   7   10   14

2020년   2030년

자료: 김현석 부산대 교수

원, 매출액은 250조 1,180억 원이 될 전망이다. 하지만 C테크 투자 규모를 30%(3조 2,430억 원) 확대하면 매출이 75조 350억 원 늘고, 일자리는 37만 5,000개가 추가로 창출됐다. 전체 GDP에서 C테크가 차지하는 기여도는 현상유지(8.6%) 시나리오에 비해 2.7%포인트 높은 11.3%까지 증가했다. 김 교수는 "기후기술에 대한 투자 레버리지 효과가 매우 크다는 점을 실증한 결과"라며 "탄소중립 이행 리스크에 대응하고 한국 경제의 안정적인 성장을 이끌어내기 위해 기후기술 R&D 투자 확대를 검토해야 한다"고 말한다.

통계청에 따르면 우리나라 청년층(15~29세) 체감실업률은 2021년 말 23.1%로, 4명 가운데 1명이 실업자인 상태다. 2000년대 초반만 해도 5%안팎이던 한국 잠재성장률은 현재(2021~2022

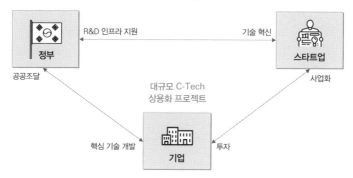

정부 주도 C테크 상용화 프로젝트

정부 — R&D 인프라 지원 ———— 기술 혁신 — 스타트업

공공조달

대규모 C-Tech
상용화 프로젝트

사업화

핵심 기술 개발 —— 기업 —— 투자

년) 2%까지 곤두박질쳤다. C테크는 이 같은 한국의 정체상태를 깨뜨릴 돌파구가 될 수 있다.

투자 확대와 함께 가장 시급한 과제로 꼽히는 것은 기업과 스타트업들이 활발하게 C테크에 달려들 수 있는 판을 깔아주는 것이다. 일반적으로 기업 지원 강화를 얘기할 때 단골처럼 나오는 정책은 세금 혜택이나 규제 완화다. 하지만 이 정도 수준의 형식적인 지원으로는 안 된다. C테크를 개발하면 정부가 책임지고 사주는 구조를 만들어 주요 기술들의 상용화를 한층 앞당겨야 한다. 정부는 공공조달을 통해 기업의 핵심기술 개발을 유도하고, 이를 기반으로 기업은 적극적인 C테크 스타트업 투자를 통해 혁신의 속도를 높여야 한다. 정부는 스타트업 활성화를 위해 다양한 R&D 인프라도 지원해야 한다.

한국의 산업 부문 온실가스 배출량은 국가 전체 배출량의 약 38%에 달한다. 산업통상자원부·한국에너지공단의 '산업부문 에너지사용 및 온실가스 배출량 통계'에 따르면 2019년 기준 산업 부문 전체 온실가스 배출량에서 가장 큰 비중을 차지한 업종은 철강·시멘트 산업(38.3%)이었다. 화학·정유 산업이 30.8%, 반도체·디스플레이 등 전자기기 제조업이 7.5%로 뒤를 이었다. 실질적인 탄소중립을 위해서는 이들 산업의 저탄소화가 시급하다. 산업부는 2021년 8월 약 6조 7,000억 원 규모의 탄소중립 산업핵심 기술개발사업 예비타당성조사 기획안을 마련하고, 철강 석유화학 시멘트 반도체·디스플레이 등을 탄소중립 중점 분야에 총 4조 8,379억 원(약 72.2%)을 투입하겠다고 밝혔다.

여전히 한국의 탄소중립 R&D 계획은 단순히 기술 개발에만 초점을 맞추고 있다는 지적들이 나온다. 기술 상용화 시점에 대한 목표는 있지만 R&D 사업 자체가 여러 부처와 기관에 뿔뿔이 흩어져 있다. 개발, 실증, 상용화 등 단계 간 연계성이 떨어지고 현실적인 현장 적용 방안도 미흡하다. 사안의 시급성보다는 형평성에 입각한 예산 심의나 규제도 C테크 상용화와 탈탄소 산업 구조 전환에 걸림돌이 되고 있다. 이 같은 문제를 해결하기 위해 탄소 감축 부담이 큰 철강 석유화학 시멘트 반도체·디스플레이 등 4대 핵심 산업 중심의 정부 주도 C테크 상용화 프로젝트를 추진하는 방안을 적극 검토해야 한다. 상용화 프로젝트란 병렬적인 기술 개발 대신 처음부터 상용화를 전제로 산업 현장 적용에 초점을 맞춘 R&D 사업을 의미한다.

정부가 초기 시장 형성을 위한 공공 수요를 창출하고 이를 사업화하면 여기에 기업이 입찰해 참여하는 형태다. 기업은 기술을 개발하고 정부의 공공조달과 민간 투자를 통해 이를 상용화하는 게 골자다. 그 과정에서 가치 사슬 중심으로 산업 생태계를 육성할 수 있다. 정부가 C테크 상용화 프로젝트를 효과적으로 추진할 수 있는 적절한 규제를 만드는 것이 가장 중요하다는 게 전문가들의 진단이다.

예컨대 국내 첫 수소환원제철소는 정부 주도로 건설하는 것이 필요하다. 수소환원제철은 산화철을 철로 환원시키기 위해 사용했던 석탄화력 발전 부생가스 일산화탄소(CO) 대신 수소를 환원제로 사용하는 공정이다. 정부 탄소중립 시나리오에 따르면 철강 업계는 공정을 100% 수소환원제철로 전환해 2050년 탄소 배출을 2018년 대비 95% 감축해야 한다. 하지만 수소환원제철은 세계적으로도 상용화 시점을 2050년 전후로 보고 있는 기술이다. 그전까지는 탄소 배출을 줄이려면 공정 효율을 높이거나 철강 생산량을 줄이는 수밖에 없다. 정부의 역할이 절실하다는 의미다.

수소환원제철의 또 다른 관건은 안정적이고 경제적인 수소·전력 공급 인프라 구축이다. 연간 7,000만t 수준인 국내 철강 생산량을 감당하려면 연간 630만에 달하는 수소가 필요하다. 제철소 내에서 대부분 자체적으로 생산해 공급했던 전력을 모두 외부에서 끌어와야 하고, 철을 녹이는 용광로를 전기로로 대체하는 만큼 전력 수요가 폭증할 것으로 예상된다. 이런 상황을 고려해 수소환원제철 공정 전환 비율을 현실화하는 작업도 뒤따라야 한다.

석유화학 산업은 바이오 원료 생산단지 조성이 절실하다. 석유를 정제해 얻는 나프타는 각종 화학섬유나 플라스틱의 원재료가 되는데, 이를 대체할 수 있는 바이오 나프타의 절대적인 공급량은 턱없이 부족하다. 한국석유화학협회에 따르면 전 세계에서 생산되는 바이오 나프타는 연간 880만t에 불과하다. 시멘트 산업의 탄소중립에는 산업 부산물과 폐기물의 자원순환과 연계한 대규모 C테크 상용화 프로젝트가 필요하다. 전 세계적인 탄소중립 흐름은 자칫 2019년 일본의 수출 규제로 촉발됐던 반도체·디스플레이 산업 충격과 같은 위기를 또 불러올 수 있다. 소재·부품·장비 산업 전반에 걸친 저탄소화 전환에도 대비해야 한다.

C테크 상용화 프로젝트를 바탕으로 동해안과 서해안을 따라 'C테크 혁신벨트'를 조성하는 방안도 적극적으로 검토할 만하다. 산업단지가 밀집해 있는 동해안은 산업 저탄소화를 이끌 클린테크 혁신벨트로, 석탄화력 발전소가 다수 위치한 서해안은 카본테크 스타트업들의 메카로 만들 수 있다. 나아가 서해안은 친환경 에너지 개발의 중추인 에너지 혁신벨트로도 업그레이드할 수도 있다. 앞으로 폐쇄될 석탄화력 발전소는 SMR 발전단지로 업그레이드하는 방법을 검토하고, 군산·김제·부안을 아우르는 새만금 국제에너지혁신도시는 C테크 국제투자진흥지구로 지정해 서해안을 새로운 에너지 전환의 전진 기지로 삼자는 구상이다. 기존 전력망 인프라를 통해 설비투자비용을 아낄 수 있을 뿐만 아니라 미세먼지 없는 전력 생산으로 서해안 지역의 고질적인 대기 질 문

제를 개선하는 효과도 기대할 수 있을 것으로 보인다.

C테크가 시장에서 결실을 맺으려면 더 많은 돈이 신생기업들에게 흘러들 수 있도록 해야 한다. 유명무실한 기후기술기금을 활성화하고, 민간 투자 주도형 기술창업지원 프로그램인 팁스TIPS에 C테크 부문을 신설할 필요가 있다. 이와 함께 일반 국민들이 재테크에 활용할 수 있는 C테크 펀드 상품을 만드는 한편, 국제 기준에 부합하는 ESG 회계 기준도 마련해야 한다.

Redesign : 탄소중립을 위한 정책대비

미국 백악관 기후정책팀, 독일 경제기후부, 영국·덴마크 기후에너지부, 프랑스 생태지속가능개발에너지부······. 선진국들은 이처럼 기후위기 대응을 책임지는 전담조직을 갖추고, 탄소중립 전환과 이를 가능케 할 C테크 개발에 박차를 가하고 있다. 2050년 탄소중립 달성이라는 목표를 위해선 보다 장기적인 계획과 흔들림 없는 이행이 필요하고 국가 수장의 확고한 리더십이 반드시 필요하기 때문이다. 한국도 선진국과 같이 C테크를 비롯한 산업·에너지·기후 전략을 대통령이 직접 챙기는 아젠다로 삼고 전담 조직을 창설해야 한다.

백악관의 모델을 벤치마킹해 대통령 직속 기후정책실을 창설하는 방안을 우선 검토할 수 있다. 조 바이든 미국 대통령은 당선과 함께 기후변화 대응을 차기 행정부 핵심 과제로 선언하고, 백악관 기후정책팀을 출범시켰다. 존 케리 전 국무장관을 기후특사로 전진배치하면서 공격적인 기후대응 정책을 추진 중이다. 한국도 청와대 전담 조직을 신설해 범부처 차원의 산업·에너지·기후정책을 펼칠 필요가 있다. 국회와의 원활한 소통을 통해 '협치의 묘'를 살릴 기후특보를 임명하는 것도 고려할 만하다.

정부 조직 개편을 통해 기후 행정 컨트롤타워를 마련하는 방안도 거론된다. 환경부의 기후환경 정책 분야, 과학기술정보통신부의 기후기술 부문을 산업통상자원부와 통합해 부총리급 '산업에너지기후부(가칭)'를 신설하는 방안이 대표적이다. 각기 다른 이해관계로 나뉘어 있는 행정부처를 결합해 보다 큰 틀의 기후정책 추진하도록 만드는 것이다.

나아가 그동안 실종됐던 정치·산업 분야의 '원팀' 정신을 살리기 위한 대책도 추진돼야 할 것이다. 여야와 청와대가 함께 소통할 수 있는 '협치의 장' 초당적 국회 협의체를 통해 기후정책을 추진하는 등 다양한 아이디어를 고민해야 한다.

R&D는 전문가들에게 맡기고, 그들에게 권한을 줘야 한다. C테크 R&D를 진두지휘할 '저탄소과학기술위원회(가칭)'를 창설해야 한다. 현재 우리 정부에 소속된 기후변화 대응 관련 위원회는 20여 개에 달한다. 2050 탄소중립위원회를 비롯해 녹색성장위원회, 지속가능발전위원회, 수소경제위원회 등 정권이 출범하거나 특정 이슈가 부각될 때마다 위원회 조직만 불어났다. 이를 국가

'R&D 진두지휘' 저탄소과학기술위 출범

수소경제위원회
탄소흡수원증진위원회
녹색성장위원회
2050 탄소중립위원회
지속가능발전위원회
미세먼지특별대책위원회
신재생에너지정책심의회
녹색물류협의기구위원회

통폐합 →

저탄소과학기술위원회

기후환경 전문가 · 에너지 전문가 · 산업 전문가 · 경제 전문가

국가 탄소중립 R&D 목표·투자 방향 설정
R&D 워크 설계, 성과 평가·결과 반영

→ 산업에너지기후부
→ 과학기술혁신본부
→ 한국과학기술기획평가원

탄소중립 R&D에 초점을 맞춰 하나의 조직으로 통합하고, 기후환경 · 에너지 · 산업 · 경제 분야의 전문가들을 배치해 운영해야한다.

이를 통해 각 부처별로 난립한 탄소중립 관련 R&D 계획의 관리를 일원화할 수 있다. 기후기술촉진법, 탄소중립 · 녹색성장기본법 등 여전히 흩어진 기후기술 관련 법률도 세밀한 정리가 필요하다. 복잡한 기후기술 법령을 정리하겠다며 등장한 특별법들인데, 정작 특별법 간의 상하위관계도 불분명해 현장의 혼란을 불러일으키고 있어서다.

산업계 현실을 고려하지 않은 탄소중립 시나리오는 정상화해야 한다. C테크가 충분히 성숙하지 못한 지금, 당장 2030년 NDC 달성을 위해선 고통스러운 시간을 버텨내야만 한다. 우리 국민과 기업이 덜 고생하려면 섬세한 계획이 필요하다.

재생에너지를 최대 70.8%까지 높이고, 원자력발전의 비중을 6.1%까지 낮춰 잡은 에너지믹스부터 현실화할 방안을 고민해야 한다. 재생에너지를 무한정 늘리기 어려운 한국의 상황을 인정하고, 무탄소 전원인 원자력발전의 비중을 40% 수준으로 확대하는 방안을 고민해야 한다. 탄소중립위원회에 따르면 2020년 기준 509TWh인 전력수요는 2050년 1,200TWh로 두 배 이상 증가할 전망이다. 현재 화석연료를 사용하는 분야들이 탄소중립 흐름에 따라 전력을 사용하는 형태로 바뀌는 걸 가정한 예측이다. 폭발적인 전기수요 급증이 불가피한 상황에서 원전 비중의 확대는 불가피하다는 게 에너지 전문가들의 중론이다. 한국형 녹색 분류체계인 K택소노미K-Taxonomy에 유럽처럼 원자력을 포함시키는 것도 필요하다는 지적이다.

2030년 원전 비중 35%를 목표로 폐로 예정인 원전 10기의 운영허가를 모두 연장하는 방안을 추진해야 한다. 또한 7,790억 원을 투입하고도 탈원전 정책으로 중단됐던 2.8GW 규모 신한울 원전 3·4호기의 건설을 조속히 재개해야 한다.

70%대로 떨어진 원전 가동률을 85% 이상으로 정상화하고 영구 정지된 고리 1호기를 재가동하는 방안도 적극 검토해야 한다. 장기적으로는 영덕·삼척 등 이미 원전 용지로 검증된 곳에 추가로 대형 원전 8기의 신규 건설을 검토하는 것도 고민해봐야 한다. 물론 원전 활용을 늘리기 위해서는 용지 선정과 송배전 연결, 폐기물 처리 등 풀어야 할 난제가 많다. 하지만 안정적인 탄소중립 달성과 에너지 전환을 위해선 신규 원전 건설에 대해서도 가능성을 열어두고 국민여론을 수렴해봐야 한다는 목소리가 높다.

특히 대형 원전의 보완재 역할을 할 수 있는 SMR을 적극 활용해야 할 필요성이 높다. 100~300㎿ 출력을 내는 SMR은 발전량이 기존 대형 원전(약 1,400㎿)보다 적지만 방사성 물질 누출 위험이 낮을 뿐 아니라 비용이 적게 들고 건설 기간이 짧다. 공장에서 부품을 생산한 뒤 현장에서 조립하는 방식으로 지을 수 있고 규모가 작은 만큼 입지 조건도 상대적으로 자유롭다. 또 유연한 출력 조정이 가능해 태양광·풍력 등 재생에너지의 불안정성을 보완할 수 있을 것으로 기대를 모은다.

Incubation : 미래를 대비한 기반 육성

2050년 탄소중립Net Zero 달성을 목표로 세계 각국이 앞다퉈 차세대 원자력발전소로 꼽히는 SMR 대량 건설에 나서고 있지만, 한국은 세계 최고 수준의 원전 기술을 인정받고도 수출은커녕 국내에 SMR을 건설하는 계획조차 마련돼 있지 않다. 2035년까지 전 세계 곳곳에 약 500기(630조 원)에 달하는 SMR이 설치될 것으로 전망되는 가운데 한국도 서둘러 국내 SMR 발전단지를 조성하고 이를 토대로 공격적인 수출 전략을 펼쳐야 한다는 지적이다. 이를 위해 10년 안에 연간 20기씩 SMR을 찍어낼 수 있는 양산 체계를 구축해야 한다. 기후변화 대응에 필요한 C테크의 중심에 SMR을 두고 시장 선점에 나서자는 구상이다.

약 100~300㎿의 출력을 내는 SMR은 발전량이 기존 대형원전(약 1,400㎿) 대비 적지만 방사성 물질 누출 위험이 적을 뿐 아니라 비용과 건설기간이 짧다. 공장에서 부품을 생산한 뒤 현장에서 조립하는 방식으로 지을 수 있고 규모가 작은 만큼 입지 조건도 상대적으로 자유롭다. 또 유연한 출력 조정이 가능해 태양광, 풍력 등 재생에너지의 불안정성을 보완할 수 있을 것으로 기대를 모은다. 이 같은 장점 때문에 미국, 러시아, 일본, 중국 등 세계 원전 선진국들은 자국 내에 SMR을 대량 건설하는 계획을 추진하고 있다. 특히 미국과 영국은 SMR의 경제성과 양산 품질을 높이기 위해 정부가 제작·개발을 적극 지원하고 있다.

우리 정부가 5,832억 원을 투입해 추진 중인 한국의 '혁신형 SMRiSMR' 개발사업은 2028년까지 표준설계 인허가, 즉 설계도 완성만을 목표로 하고 있다. 추후 건설 인허가를 따로 받으려면 3~5년이 더 필요한 만큼 이를 건설사업으로 전환해 속도를 높여야 한다. SMR은 규모가 작기 때문에 주민 수용성이 높은 기존 원전 부지 내에도 지을 수 있다. 국내에 먼저 프로토타입prototype을 건설해 실증해야 수출 활로를 찾을 수 있다는 게 전문가들의 지적이다. 주한규 서울대 원자핵공학과 교수는 "이미 2012년 표준설계 인허가를 받은 SMART 원전은 2030년 이전에도 건설이 가능"하다고 보고, SMART 원전 수출 재개부터 시작해야 한다고 강조한다.

SMR은 청정수소 생산이나 친환경 모빌리티에도 활용 가능하다. SMR의 일종인 VHTR은 전기와 함께 섭씨 900도 이상의 열(고온 스팀)을 생산한다. 전기와 열에너지를 모두 사용해 수소를 생산하는 고온전기분해에 적합하다. SMR을 추진 동력으로 하는 선박은 탄소 배출이 적고 운항 속도도 높다. 달이나 화성 등 우주 탐사선에도 SMR을 활용할 수 있다. 임채영 한국원자력연구원 혁신원자력시스템연구소장은 "세계 각국이 무한경쟁에 돌입한 SMR은 이제부터가 본 게임"이라고 말했다. 원전 설계부터 제작, 운전까지 완성된 공급망과 노하우를 갖춘 한국의 강점을 토대로 시장을 선점해야 한다고 강조했다.

Partnership : 전 세계 C테크 협력 강화

앞으로 윤석열 정부가 '영원한 동맹' 미국과 기후 기술 동맹 체제를 구축하는 것도 필요하다. 기술을 연결고리로 한미동맹을 더 굳건히 하고 원자력을 비롯한 탄소중립 핵심 기술 분야에서 선도적 위치를 차지하자는 취지다.

양국은 이미 원전 공동 수출을 위한 협력관계 구축에 착수했다. 이를 한층 긴밀한 '동맹관계'로 격상하고 차세대 배터리, 수소 등 C테크 분야 전반으로 협력 범위를 확대하는 방안을 추진해야 한다. 2022년 초 발발한 러시아 전쟁 여파로 세계 에너지 시장은 '무탄소 고효율 전원'인 원전을 중심으로 재편되고 있다. 세계 최대 원전 수출국인 러시아는 국제 제재와 신용도 하락 등 고전이 불가피하게 됐다. 이에 전폭적인 수출 협력을 통해 사우디아라비아, 체코 등 세계적으로 쏟아지는 원전 사업을 한국과 미국이 함께 따내야 한다는 목소리가 높다.

C테크 산업이 선순환 구조를 갖추려면 개발도상국 시장을 선점해야 한다. 그러기 위해선 GGGI, GCF 등 한국에 위치한 국제기구를 든든한 우군으로 삼아야 한다. 공적개발원조ODA 같은 당근도 적극 활용해야만 한다.

탄소국외감축분 시장에서 기록한 일본과 한국의 점수 차이는 17대 1이었다. 일본은 지금까지 17개 국가와 'ITMO' 협정을 맺었다. 일본 기업이나 공공기관, 정부가 17개 국가에서 탄소 감축 사업을 시행하면 그 중 일부를 국가 감축분으로 인정받는다. 한국은 현재 베트남과 맺은 1건이 유일하다. 이마저도 MOU만 체결한 상태다.

ITMOInternational Transferred Mitigation Outcomes(국외감축)란 선진국이 개도국에서 탄소배출사업을 시행해 감축한 탄소의 양을 뜻한다. 선진국은 ITMO를 통해 NDC를 줄일 수 있을 뿐 아니라 수십조 원에 달하는 개도국 C테크 시장을 선점할 수 있다. 이 때문에 일본, 스위스, 스웨덴 등의 기후 선진국들은 빠르게 여러 개도국과 ITMO 협정을 체결하고 사업을 진행하고 있지만 한국은 답보상태에 머물러 있다.

ITMO 협정을 늘리기 위해서는 정부 혼자서는 한계가 있다.

세계 각국에 사무소를 갖고 그린 ODA를 전담하는 국제기구들과의 협업이 중요하다. 한국에는 지난 10년간 개도국과 그린 ODA 사업을 전담해온 GGGI, GCF 등 국제기구의 본사가 있다. 이들은 이미 한국 기업, 정부기관 등과 ITMO로 인정받을 가능성이 높은 사업들을 진행해 왔다. 인도네시아 북수마트라 섬에서 국내 대기업들과 진행하고 있는 그린수소사업이 대표적이다. 하지만 이들 국제기구는 '전 정부의 유산'이라는 꼬리표 때문에 그동안 크게 주목받지 못했다. 탄소중립 실현과 개도국 C테크 시장 선점을 위해 지금부터라도 긴밀하게 협업해야 한다는 지적이 나온다. 한국의 경우 NDC의 10.5%에 해당하는 3,350만t을 국외에서 감축해야 한다. ITMO 확대가 절실하다.

국외감축분 시장에서 개도국의 협상력이 점차 확대되고 있는 것도 한국이 국제기구와 손을 잡아야 하는 이유로 꼽힌다. 교토의정서 체제에서는 개도국의 탄소감축 부담이 사실상 없었다. 개도국과 탄소감축 협약을 맺을 경우 감축분을 선진국이 오롯이 가져갈 수 있었다. 하지만 파리협정으로 상황이 반전됐다. 이충국 탄소배출권센터장은 "파리협정 이후 개도국도 감축 의무가 생겼다"며 "개도국과 ITMO 협상시 고려해야 할 요인들이 많아진 만큼 기존에 네트워크를 쌓아온 국제기구와의 협업이 무엇보다 중요한 시대가 됐다"고 말했다.

개도국의 탄소절감 시장 잠재력은 엄청나다. 글로벌 컨설팅 기업 맥킨지&컴퍼니 자료를 기반으로 추산한 결과 2021년~2050

년 동남아시아·아프리카·남아메리카 등 개도국이 탄소중립을 위해 필요한 비용은 43조 5,600억 달러(약 5경 2,808조 원)에 달할 것으로 전망된다. 특히 개도국은 아직 탄소 배출 감축을 위한 투자가 많이 이뤄지지 않은 만큼 적은 비용으로도 큰 효과를 낼 수 있다. 인도네시아의 지열 발전처럼 신재생에너지원이 풍부한 국가와 함께 저탄소사업을 펼칠 경우 효과는 극대화된다.

개도국에서 C테크를 확보하려는 선진국의 경쟁은 점점 치열해지고 있다. 스위스는 2021년부터 2022년 3월까지 5,400만의 크레딧을 목표로 6개 개도국과 협정을 체결했다. 스웨덴은 에너지청 주관으로 2021년 에티오피아, 네팔, 캄보디아 등 3개국과 협정을 체결했고 2021년 추가로 2개 국가와 ITMO를 추진한다는 계획이다. 일본은 17개 ITMO를 통해 이미 2만 1,800t에 해당하는 탄소감축 크레딧을 확보했다. 한시라도 빨리 추격전을 펼쳐야 하는 상황이다.

민간 기업들도 뛰어야 한다. 기후기술을 연결고리로 한 기업 연합체 'C테크 비즈니스 얼라이언스'가 유망한 모델로 제시된다. 세계경제포럼이 운영하는 기구인 퍼스트무버 연합을 벤치마킹한 모델이다. 기술기업들이 탄소배출 제로 기술을 개발하면 아마존, 애플, 볼보 등 연합에 소속된 기업들이 구매해주면서 수익성을 확보해주는 구조다. 이미 국내에서도 수소 분야에 한해 15개 수소기업 협의체인 '코리아 H_2 비즈니스 서밋'이 출범한 바 있어 실현 가능성은 충분하다는 평가다.

프랭크 라이스베르만
GGGI 사무총장

기후변화 완화를 위한
그린 ODA

프랭크 라이스베르만Frank Rijsberman GGGI 사무총장은 회원 국가와 파트너 국가들이 지속 가능한 경제로 전환하는 것을 돕고 있다. 2016년 임기를 시작하기에 앞서 빌&멀린다 게이츠 재단에서 개발도상국의 위생 문제를 해결하는 데 관여했으며 구글의 자선 부문인 'Google.org'에서 일하기도 했다. 그에게 한국이 NDC를 달성하는 데 있어 공적개발원조ODA가 왜 중요하며, 한국이 국외 감축을 효율적으로 달성하기 위해 중요한 것은 무엇인지 물어봤다.

Q. 글로벌녹색성장기구GGGI가 무엇을 하는지 간략하게 설명해 주시겠습니까? 유사한 국제기구와 비교했을 때 다른 점은 무엇인가요?

A. GGGI는 정부 간 조직입니다. 우리는 회원국 정부에 봉사하는 유엔과 같습니다. 각국 정부가 녹색경제 모델로 가는 길을 개척할 수 있도록 돕고 있죠. 그런 점에서 녹색경제에 작용하는 UNDP나 UNEP와 약간 비슷합니다. 또 우리는 정부가 녹색성장 정책과 계획을 프로젝트별로 시행할 수 있도록 자금 조달 개발 및 구조를 수립할 수 있도록 지원합니다. 금융을 동원하는 것도 돕습니다. 이런 재정적인 측면은 세계은행이나 ADBAsian Development Bank에 가깝습니다.

물론 돈이 없다는 것만 빼면요. 그래서 저는 가끔 정부 관계자들과 농담을 합니다. '안타깝게도 우리는 돈이 없다'고요. 그들은 이렇게 말합니다. 하지만 그것은 "GGGI가 세계은행처럼 개도국에 대출을 판매해 재원을 마련하지 않기 때문이며 각 개도국의 상황과 프로젝트에 가장 적합한 투자자를 찾으면 해결되는 문제"라고요. 여기 서울에는 100명 정도의 직원이 있고, 전 세계에 500명 정도의 인력과 직원, 컨설턴트가 있습니다. 그중 80%가 30국 이상의 사무소에서 근무하고 있습니다. 회원 국가의 재정부, 기획부, 환경부 등을 직접 지원하는 직원들이 자리 잡고 있습니다. 아주 독특하죠.

Q. GGGI가 신흥국에서 시행하고 있는 프로젝트 몇 가지를 소개해주실 수 있나요?

A. 주로 개발도상국과 신흥국에서 이뤄집니다. 2021년에 이룬 가장 큰 성과는 페루 정부가 첫 지속 가능한 채권과 소셜채권을 발행하는 것을 도왔다는 것입니다. 우선 지속 가능한 채권 발행 프레임을 개발하는 것을 지원했습니다. 또 국제자본시장협회ICMA의 회원인 우리는 그들의 가이드라인을 사용하고, 정부와 협력해 그 돈이 어떻게 사용될 수 있는지에 대한 모든 것을 명시했습니다. 그리고 페루 정부는 그 프레임을 채택했습니다. 일주일 후, 재무부 장관은 첫 녹색채권을 발행했고, 지속 가능한 채권을 위해 30억 달러를 모금했습니다. 그리고 2주 후 10억 유로의 소셜채권이 발행됐는데, 이는 라틴 아메리카에서 가장 큰 테마 채권이자 주권 정부가 발행한 가장 큰 지속 가능한 채권이 됐습니다.

Q. GGGI가 인도네시아에서 하고 있는 그린수소 관련 사업에 대한 소개도 부탁드립니다.

A. GGGI는 출시 준비가 되지 않은 기술에 대해서는 자주 작업하지 않지만 경우에 따라 발전 가능성이 있는 기술을 연구하기도 합니다. 가장 좋은 예가 그린수소입니다.

한국처럼 중공업을 탈탄소화 해야 하는 국가는 태양광과 풍력만으로 할 수 없습니다. 수소를 사용하는 방법을 찾아야 하죠.

수소는 이미 산업계에서 사용되고 있지만 현재 대부분이 화석 연료를 사용해 생산됩니다. 그다지 친환경적인 방법이 아닙니다. 수력 발전이나 풍력, 지열 같은 재생 가능한 에너지를 활용해야 그린수소가 되는 겁니다. 문제는 그린수소가 부산에서 가스를 이용해 생산하는 일반적인 방식보다 여전히 비싸다는 것입니다. 그래서 우리는 한국가스공사와 협력하고 있고 한국에 있는 많은 민간 기업들과 인도네시아나 인도, 또는 재생에너지가 충분한 나라에서 이러한 프로젝트를 시도해 가격을 낮추기 위해 노력하고 있습니다. 또 그린수소를 한국으로 운송하기 위해 노력하고 있습니다.

재생 가능한 에너지가 석탄에너지보다 저렴한 경우가 더러 있습니다. 하지만 그린수소는 그렇게 되기까지 시간이 좀 더 걸릴 겁니다. 그래서 앞으로 10여 년 동안 우리는 보조금 등을 통해 가격을 낮춰야 합니다. 태양광이나 풍력처럼요. 그리고 그렇게 되면 한국이 더 이상 카타르나 UAE, 호주에서 수입하는 화석 에너지인 천연가스가 아닌 그린수소를 수입하게 될 겁니다.

Q. 기후 변화를 완화하기 위해 ODA가 중요한 이유는 무엇입니까?

A. 유럽의 선진국, 한국에서는 이미 탄소 배출량을 줄이기 위해 꽤 많은 조치가 취해졌기 때문에 배출량을 줄이는 비용은 점점 더 높아지고 있습니다. 그래서 개발도상국에서 이러한 배

출량을 줄이는 것이 잠재적으로 더 저렴합니다. 습지를 복구하거나 나무를 심으면 탄소 흡수원이 될 수도 있습니다. 그러나 이들 국가의 정부는 종종 재원이 부족합니다. 그린 ODA는 개발도상국이 탄소배출을 완화시키는 데 더 도움을 줄 수 있습니다. 또 다른 이유는 개발도상국들, 특히 최빈 개도국들은 기후 문제를 야기하지 않았기 때문입니다. 역사적으로 배출량이 가장 많은 국가들은 유럽과 북미에서 나왔습니다. 그러나 현재는 중국이 훨씬 많은 배출을 하고 있습니다. 그리고 한국과 같이 빠르게 성장한 다른 신흥 경제국들도 꽤 많은 양의 배출량을 끌어모았죠. 이들 모두 도덕적인 책임도 있는 겁니다.

Q. 한국이 그린 ODA를 실시하면 무엇을 기대할 수 있나요?

A. 한국은 그린뉴딜 같은 강렬한 국내 배출량 감축 약속을 통해 아시아 리더위치를 공고히 할 수 있습니다. 그린 ODA를 활용하면 한국의 전문성과 기술도 공유할 수 있습니다. 한국은 지금까지 ODA를 석탄 화력발전소를 짓는 데 사용해 왔습니다. 중국, 일본, 한국은 ODA 주요 수출국이었습니다. 이제 정부는 국제적으로 석탄 발전소 건설을 멈추자고도 말했습니다. 저는 좋은 결정이라고 생각합니다. 물론 일부 산업은 일자리를 잃을 겁니다. 그러나 한국도 배터리, 전기차, 풍력 터빈 등 매우 강한 친환경 기술을 수출할 수 있는 기회를 얻을 것입니다.

Q. 국제적으로 이전된 감축결과_{ITMO}에 대한 생각은 어떠신가요? 개발도상국과 선진국이 ITMO를 어떻게 활용할 수 있을까요?

A. 저는 ITMO이 개발도상국과 선진국 모두에게 좋은 기회라고 생각합니다. 한국은 국내 배출량을 줄이겠다는 목표치를 최대 40%까지 올렸습니다. 예전에 국회에서 기후법이 통과됐을 때 국회는 배출량을 32%로 줄이겠다고 했지만 IPCC가 "탄소중립 국가들이 배출량을 45~50%까지 줄여야 한다"고 권고한 것을 따라 한국의 배출 감축량을 늘리는 용기 있는 결단을 내리신 거죠. 대부분의 사람들이 30~40%를 초과하는 추가분은 국내에서는 달성되지 않고 국제적인 협력을 통해 찾아야 할 것이라고 생각할 것입니다. 따라서 한국은 추가된 감축분 8%를 위해 개발도상국들로부터 ITMO를 구매해야 할 것입니다. 개발도상국과 신흥국의 많은 회원들이 탄소배출권을 판매하는 것에 매우 관심이 있지만 그 역량에는 큰 차이가 있습니다. 인도네시아는 다른 나라로 탄소배출권을 팔고 싶지만 그에 맞는 제도를 갖추고 있지 못합니다. 우리가 MRV(모니터링·보고·검증 시스템)라고 부르는 좋은 데이터베이스가 없고, 준비된 프로젝트들도 없습니다. GGGI는 '탄소가격제팀'으로 불리는 꽤 큰 팀을 가지고 있습니다. 현재 12개국과 협력하고 있으며 곧 확장될 예정입니다. 이 팀은 개발도상국이 한국, 노르웨이, 스웨덴 등 ITMO를 구매하고자 하는 다른 나라들과 거래할 수 있도록 지원할 것입니다. 이를테면 GGGI가 인도네시아와 한

국 사이의 탄소 배출권을 거래하는 중개자가 되는 겁니다. 인도네시아와 한국 정부가 조건에 동의하면 우리는 인도네시아의 프로젝트 개발자들과 함께 프로젝트를 개발할 수 있습니다. 플랫폼을 통해 제공되는 탄소 감축 크레딧을 한국 정부가 한국 ETS에 등록하도록 허용한다면 한국 회사들은 그 크레딧을 살 수도 있습니다.

Q. ITMO 플랫폼과 관련해 어떤 절차를 진행 중이신가요?

A. 아직은 아이디어 차원이지만 2021년 10월에 GGGI가 이것을 개발할 수 있다고 자체 협의회에 제안했을 때 초기 반응은 긍정적이었습니다. 그래서 2022년 태스크 포스를 구성했습니다. 제가 의장을 맡아 아이디어를 개발하고 구성원들에게 어떻게 해야 할지 자문을 구하고 있습니다. 왜냐하면 꽤 복잡한 문제이기 때문입니다. 6월에는 가상으로 한국에서 워크숍을 개최해 회원국의 모든 전문가들이 한자리에 모일 것입니다. 그리고 연말까지 우리 협의회를 위한 제안을 내놓을 예정입니다.

Q. 앞으로 더 많은 프로젝트를 수행하기 위해 제도적 보완돼야 할 점은 무엇인가요?

A. 정책적인 측면과 투자 프로젝트를 병행하여 진전이 있을 수 있습니다. 예를 들어 아직 재생에너지 투자에 대한 장벽이 있어 정부 투자가 제한되는 부분이 있습니다. 화석연료 보조금

도 여전히 존재합니다. 그래서 정부와 협력해 때로는 보다 광범위하고 중요한 정책을, 때로는 상당히 구체적인 정책을 수립해야 합니다. 예를 들어 베트남 정부와 농업에서 나오는 부산물을 바이오매스 폐기물로 사용하기 위한 작업을 한 적이 있습니다. 현재 매립지로 보내던 부산물들은 태워져서 바이오가스나 설탕공장 등 에너지 프로젝트들의 바이오매스 폐기물로 사용되고 있습니다. 이때 우리는 정부가 바이오매스 폐기물을 에너지로 전환하는 데 적용되는 관세가 킬로와트(㎾)당 5.5센트밖에 안 된다는 발견했습니다. 너무 낮은 수치죠. 그 정도 수준에서는 민간 투자가 유입되지 않았습니다. 그래서 우리는 관세를 1~2센트 정도 올릴 것을 정부에 제안했고 그 결과 훨씬 더 많은 민간 투자가 이어졌습니다. 정부 정책이 어떻게 민간 투자를 가능하게 할 수 있는지를 보여주는 좋은 예죠.

Q. 그린 ODA를 위한 GGGI의 목표와 계획은 무엇입니까?

A. 저는 앞으로 10년 안에 파리협정의 목표를 달성하기 위해서는 아시아의 석탄이 가장 중요한 주제라고 생각합니다. 아시아가 얼마나 빨리 석탄을 고갈시킬 수 있는지, 얼마나 빨리 석탄의 대체재를 찾을 수 있는지 말이죠. 매우 민감한 사안입니다. 하지만 그것을 피하는 것은 불가능하다고 생각해요. 공개적으로 논의해야 할 것입니다.

토마스 안커 크리스텐센
덴마크 외교부 기후대사

덴마크의 인공에너지섬으로 확인한
기후기술 정책의 역할

덴마크는 1970년대부터 녹색 에너지 전환 정책을 추진하는 등 기후기술 선도국으로 꼽힌다.

토마스 안커 크리스텐센 덴마크 기후대사는 20여 년간의 외교 경력을 바탕으로 전 지구적인 기후변화 대응 파트너십을 이끌어내는 데 핵심적인 역할을 했다. 녹색 성장 파트너십 전환을 위한 국제 파트너십인 '3GF' 설립을 이끌었고, 반기문 전 유엔UN 사무총장의 파트너십 선임고문을 지내며 기후팀장으로서 2014년 UN 기후정상회의 개최를 총괄했다. 이후 UN 사무총장 보좌관을 거쳐 두 차례의 UN 총회 의장 보좌관을 지내면서 파리 기후변화협약과 UN 지속가능개발목표 이행에 주요한 역할을 했다.

Q. 덴마크의 기후기술 정책을 주도하는 기관은 어디인가요?

A. 덴마크에서는 2030년까지 온실가스 배출량을 최정점 대비 70% 감축하도록 의무화한 기후법이 있습니다. 그리고 기후에너지유틸리티부는 해당 법령을 이행하기 위한 모든 것을 관할합니다. 그리고 기후에너지유틸리티부 장관은 정부의 새 내각인 '녹색장관회의'를 이끌며 기후변화와 관련된 모든 법안들을 검토하고 논의해 정부 결정을 내린 후 이를 의회에 제출하기로 합의했습니다. 그리고 이 장관회의에는 기술 부문을 담당하는 고등교육과학부 장관도 포함돼 있습니다. 하지만 기술 개발 정책은 장관회의 전체에서 결정된다고 보면 됩니다. 이제 정부는 매년 다음 회계 연도의 실행 계획을 의회에 발표해야 합니다. 그래서 매년 9월 정부 계획이 발표되고 12월에 의회에서 채택되면 이듬해 1월부터 1년간 시행하게 되는 것입니다. 우리는 이런 과정을 10년간 매년 반복해야 합니다. 굉장히 엄격한 시스템이죠. 게다가 매해 발표되는 계획에는 기술 부문도 포함돼야 합니다. 덴마크 에너지청은 온실가스 배출 감축 방안들을 제시합니다. 2022년을 예로 들면, CCS와 대기 중 탄소직접포집, 그린수소 개발 가능성 등에 대해 살펴봐야 합니다. 이런 것들이 에너지 전문가들이 구상하는 정책적 요소

들입니다. 그러면 고등교육과학부는 연구, 기술, 개발, 정책과 기술 실증을 추진합니다. 그리고 민간 섹터, 즉 기업들과 협업하고 기술 시장을 관할하는 산업경제금융부가 있습니다. 종합하면 연구, 개발, 실증, 상용화 총 4개의 상호 연결된 부문이 있는 것입니다. 기후법의 일환으로 우리는 녹색 연구, 기술, 혁신에 대한 투자 전략도 발전시켜왔습니다. 이 전략은 녹색 기술과 미래를 위한 해결 방안의 방향을 제시합니다. 이 전략은 임무 지향적이어서 정부와 산업, 연구 분야 간 파트너십과 협업을 아우르며 온실가스 배출 감축을 위한 새로운 해결책과 가능성을 타진하는 임무들을 내놓게 됩니다. 그리고 앞서 언급한 것처럼 이 임무들은 정부와 산업계, 연구 분야 간 파트너십을 통해 수행됩니다. 크게 4개의 임무가 있는데 우선 CCUS가 첫 번째이고 다음은 그린수소를 이용한 'Power to X(P2X)'라고 불리는 운송과 산업을 위한 그린연료입니다. 세 번째는 기후환경 친화적인 농업과 식량 생산이고, 마지막은 순환경제입니다. 순환경제는 재활용과 플라스틱 쓰레기 감축을 골자로 하죠.

Q. 기후기술 정책과 추진 계획에 대해 매년 평가하는 이유는 무엇인가요?

A. 임무 지향적이기 때문이죠. 그리고 10년 전략을 추진할 때 기술이 시간의 흐름에 따라 계속 발전한다는 것을 알기 때문에

그렇기도 합니다. 10년 뒤에도 기술 수준이 같고, 비용도 같다고 가정할 순 없는 것이죠. 그래서 우리는 다변적이고 발전된 사항들을 반영하는 반복적인 과정을 거쳐야 합니다. 한국에 더 나은 기술이나 CCS를 위한 더 경제적인 방법이 있을지 모릅니다. 그러면 그런 것들을 에너지 믹스에 반영합니다. 그만큼 우리가 기후기술에 한해서는 굉장히 역동적인 세계 시장 한가운데 있다는 뜻입니다. 그래서 우리는 변화에 적응할 수 있어야 하고, 이를 위해 매년 치열한 재검토를 해야 합니다. 정부는 이를 두고 자학적이라고 표현하지만 현재로서는 그렇게 운영이 되고 있습니다. 추가로 설명하고 싶은 것은 이런 연례적인 과정의 일환으로 매년 독립적인 기후위원회와 정부 정책 전문가들의 평가가 이뤄진다는 것입니다. 이 전문가들은 지난 한 해 동안 무슨 일이 있었는지에 대해 매우 엄격하게 평가합니다. 예컨대 내년 계획은 무엇인지, 어떤 것들이 가능할지, 어떤 것들이 불가능한지, 온실가스 감축 목표를 향해 잘 가고 있는 건지 등을 논의합니다. 기후변화 · 경제 · 기술 분야의 교수 같은 전문가들이 각각의 정부 전략에 대해 독립적인 평가를 내놓는 것입니다. 매우 어려운 작업이죠. 또 매년 에너지청은 2021년 배출 감축의 영향과 내년 배출 감축 계획에 대한 상세 내용을 기술한 보고서를 작성해야 합니다. 즉, 매년 2월 독립적인 위원회들이 작성한 보고서가 나오고 매년 4월 배출 감축에 대한 평가 보고서가 나오고 이를 토대로 정부가 매년 9월 다음 해 계획을 발표해야 하는 연간 사이클을 갖고 있는 것이죠. 이는 매년 같은 형태로 반복됩니다. 정책 입안, 계획, 이행, 연간 임무를 위한 일종의 시스템으로 볼 수 있습니다.

Q. **기후기술 개발의 성공 가능성을 높이는 데는 긍정적이겠지만, 연구자들 입장에서는 이런 엄격한 재검토 과정이 어려운 점으로 작용할 수도 있을 것 같습니다. 실제로는 어떻습니까?**

A. 분명한 것은 기술 개발자들 또한 시장에서 끊임없는 발전이 있다는 것을 알고 있고, 만약 그들이 좋은 아이디어를 갖고 있다면 즉각적으로 도입될 수 있다는 것입니다. 그리고 예산 집행이나 규제 프레임워크 설계 같은 실제 정책 이행 과정에서도 잠재적 가능성에 대한 논의가 이뤄집니다. 우리는 2년 반 전에 2030년 온실가스 배출량 70% 감축(1990년 대비) 목표를 채택했습니다. 그리고 2년도 안 된 시점에 기후법을 채택했습니다. 당시 우리는 그린수소를 이용한 P2X를 위한 전체 개발 계획을 수립했습니다. 그때까지만 하더라도 우리가 인공에너지섬 개발을 추진하게 되리라곤 생각 못했죠. 또 불과 2년 반 전까지만 해도 우리가 대규모 CCS를 하게 될 줄 몰랐습니다. 우리는 '파이로릴라이스'라고 불리는 농업을 위한 기술도 주시하고 있습니다. 저는 연례 평가가 기술 개발을 촉진시킨다고 생각합니다. 기술 개발자들과 연구대학, 과학계가 어떤 기술이 필요하고 어떤 수요가 있고, 실제로 어떤 새로운 아이디

어가 진지하게 고려되는지 등을 알 수 있기 때문입니다.

Q. 덴마크는 어떻게 인공에너지섬 프로젝트를 추진하게 됐나요?

A. 인공에너지섬은 여전히 계획 단계에 있습니다. 다시 말해, 정부가 규제 프레임워크를 만드는 중입니다. 첫 번째 사업 입찰역시 아직 진행 중입니다. 정부와 민간, 시민사회 간 파트너십을 구축하고자 합니다. 예를 들면 쓰레기 매립지를 바다에 건설해야 할지 등을 검토하고 있는 것이죠. 여기에는 기술적으로 많은 구체적인 부분들이 있기 때문에 한번 우리가 인공에너지섬을 만들면 그것을 하나의 섬이 아니라 5개 또는 10개로 복제할 수 있습니다.

유럽에는 굉장히 높은 에너지 수요가 있습니다. 덴마크는 작은 나라이고, 연간 에너지 수요는 약 7GW에 불과합니다. 하지만 주변에 독일처럼 거대한 에너지 수요를 가진 이웃 국가들이 있습니다. 독일의 경우 석탄 발전과 원자력발전을 퇴출하기로 결정했고, 최근 유럽 석유가스 수급에 영향을 미칠 것으로 예상되는 러시아 우크라이나 간의 안타까운 전쟁으로 인해 석유가스 위기라는 큰 난관에 부딪혔습니다. 현재 독일은 굉장히 큰 에너지 전환을 겪고 있고 그래서 우리는 독일 시장을 위한 그린전력과 그린수소를 생산할 수 있을 것으로 보고 있습니다. 그렇게 되면 덴마크는 녹색 에너지 순수출국으로 거듭날 수 있는 기회를 갖게 될 것입니다.

인공에너지섬 프로젝트는 쉽게 말해 많은 양의 해상 바람을 인공섬 한 곳으로 집중시킨 다음 육지와 송전선을 연결하는 것입니다. 이렇게 하면 육지 곳곳에 여러 개의 풍력 발전소를 지을 필요가 없고, 풍력으로 전기화와 그린수소 생산에 필요한 대량의 전력을 생산할 수 있을 뿐만 아니라 생산한 전력을 저장했다가 관로를 통해 육지로 보내거나 인공섬에서 직접 배에 전력을 공급할 수도 있게 됩니다. 최초의 인공에너지섬을 건설하고 나면 앞서 언급한 것처럼 우리는 이 모델을 복제해 10개 또는 수요와 투자 관심도에 따라 더 많은 수의 인공섬을 지을 수도 있습니다. 우리는 다른 국가들에게 인공에너지섬처럼 집약된 형태의, 그린수소와 합성연료e-fuel(그린수소와 포집한 이산화탄소를 합성해 만든 청정연료)를 생산할 수 있을 정도로 매우 큰 규모의 재생에너지를 구현 가능하다는 점에 대해 영감을 줬으면 합니다. 상세한 기술 협력을 요청하고 비슷한 모델 개발에 도움을 요청한 국가만 20곳이 넘습니다. 친환경 에너지는 에너지 체계를 탄소중립적으로 바꿀 수 있지만 탄소 배출을 줄이기 어려운 산업이나 운송·시멘트·철강·화학공업에서는 액체형 그린연료가 대안이 될 수 있습니다.

Q. 화석연료 없이 전력 생산이 가능한 것은 탄소중립뿐만 아니라 에너지 안보 차원에서도 중요할 것 같습니다.

A. 물론입니다. 재생에너지 기술은 모든 국가가 에너지 자립

을 해서 더 이상 화석연료 수입에 의존하지 않을 수 있는 가능성을 열어준다고 생각합니다. 덴마크는 이런 방식으로 매일 전력을 생산하고 있고, 지금은 평균적으로 전체 에너지의 60~70%를 풍력으로 생산합니다. 재생에너지를 기저 전력으로 사용하기 어려운 경우에는 석탄이나 천연가스, 원자력을 사용하지 않는 저희 사례를 참고하진 못하겠지만 기술적으로 봤을 때 재생에너지로 생산하는 전력의 양이 충분하고 각 지역에 잘 분산이 된다면 재생에너지를 기저 전력으로 사용할 수 있을 것입니다.

Q. 인공에너지섬 같은 새로운 프로젝트에서 정부는 어떤 역할을 하나요?

A. 정부의 역할이 가장 중요합니다. 명확한 규제 프레임워크와 적용 가능한 조건들을 제시하는 것이죠. 여기에는 원스톱 지원 모델이 있습니다. 예컨대 평가 체계를 만드는 것과 개발자와 투자자가 많은 곳의 사무실을 찾아다니며 시간과 비용이 많이 드는 여러 과정을 거치지 않아도 되게끔 정부의 모든 관련 조직을 하나로 모으는 일입니다. 또 우리는 허가 절차, 환경평가를 더 신속하게 진행하기 위해 노력하고 있고 인공에너지섬 건설 과정에서 지역주민과 관련한 모든 종류의 문제들을 건설 과정에서 합리적이고 신속하게 처리할 수 있도록 노력하고 있습니다. 즉, 모든 과정을 지역주민들과 함께 하는 것이

죠. 지역주민들이나 어부들은 인공에너지섬이 새나 물고기에 안 좋은 영향을 미치지 않을지 의문을 가질 수 있습니다. 이런 모든 우려들을 포괄적으로 처리할 수 있도록 하는 겁니다. 한국에서도 지역주민들이 비슷한 질문을 한다고 들었습니다. 분명한 것은 한번 재생에너지 시설 건설을 시작하고, 그것에 점점 사람들이 적응한다면 도전 과제들은 어느 정도 해결할 수 있게 된다는 것입니다. 덴마크에도 가짜 뉴스가 넘쳐나고 있습니다. 예를 들어 어떤 지역주민이 풍력발전기가 사슬톱처럼 아주 시끄러운 소리가 날 것이라고 했다는 이야기를 전해 들었는데 이는 전혀 사실이 아닙니다. 덴마크가 코펜하겐 항구에 처음 지은 풍차는 지역주민들이 첫 터빈의 공동주인이 되라는 차원에서 시 초청으로 시민들이 직접 투자하고 프로젝트의 파트너로 자리할 수 있게 했습니다. 약 1,000명이 참여했죠. 비록 그 터빈은 작고 이제는 낡았지만 그들은 여전히 큰 자부심을 갖고 있습니다. 지역주민들이 동참하면 그들이 개발에 함께 기여한다는 마음을 갖게 되죠. 이런 것들이 개발 과정에 속도를 내기 위해 정부가 할 수 있는 일입니다.

Q. 일부 시민들의 의견과 전문가 집단의 의견이 충돌할 경우, 정부는 정책 결정 과정에서 어느 쪽에 더 귀를 기울여야 한다고 생각하시나요?

A. 정부는 항상 균형을 맞춰서 모든 의견을 반영하려고 노력해

야 한다고 생각합니다. 하지만 결국에는 법에 따라 70% 배출 감축 목표를 이룰 의무가 있기 때문에 녹색 기술을 진보시켜야 하고 정부와 의회, 국민들 다수는 우리가 앞으로 나아가길 원합니다. 따라서 결단을 내려야 하겠죠. 기후변화에 대응할 수 있는 시간도 계속 흐르고 있습니다. IPCC 보고서에 따르면, 기후변화는 현재 전 지구적으로 굉장히 심각합니다. 정부는 모든 것을 고려해야 하지만 결정을 내려서 앞으로 나아가야 합니다. 이것이 덴마크의 현 입장입니다. 그리고 현재 러시아와 우크라이나 전쟁, 유럽 내에 에너지 위기와 정치적 상황 등으로 인해 큰 규모의 재생에너지로 더 빠르게 전환하려고 하는 움직임이 있습니다. 그렇게 저희는 나아가고 있죠. 화석연료의 대안을 분명 찾아야 합니다.

Q. 정부가 기후기술 개발과 상용화를 위한 규제 프레임워크를 만들 때 전문가 집단의 역할이 중요할 것 같습니다. 이런 정책적 업무에 전문가들이 참여할 수 있도록 하는 방안에는 무엇이 있을까요?

A. 경쟁을 통해 자문위원을 선발할 수도 있고 연구를 통해 긴밀한 파트너십을 맺을 수도 있습니다. 덴마크 에너지청에는 덴마크 최고의 엔지니어들이 에너지 개발에 참여하고 있습니다. 70% 감축 목표를 위한 프레임워크의 일부를 전문가들이 담당하기도 합니다. 덴마크 정부는 덴마크의 주요 산업부문과 공공·민간 협력 관계를 맺고 있습니다. 그리고 각 분야별로 재

계가 자체적으로 그룹을 조직해 그룹별로 기업 최고경영자 한 명을 의장으로 임명합니다. 예를 들어 덴마크 선박회사 머스크Maersk 등이 해운과 관련한 그룹을 이끌고 있습니다. 이들은 정책뿐만 아니라 해당 부문이 감축 목표 70%를 달성하는 데 필요한 기술도 검토하고 있습니다. 시행 중인 정책과 규제 체계를 살펴보고 저탄소 기술로의 전환을 가속할 수 있는 정책과 규제 프레임워크에 대한 아이디어들을 제안하고 있습니다. 국제적으로 필요한 부분에 대해서도 조사합니다. 예를 들어 국제해사기구를 통해 국제적으로 운송이 규제되고 있습니다. 덴마크 내의 많은 문제들은 유럽연합 차원에서 규제되고 있습니다. 그래서 덴마크에서는 입법 과정을 거치지 않고 다른 곳에서 해야 할 수도 있죠. 하지만 정책과 기술은 자체적인 부문별 생태계를 갖고 있습니다. 그리고 14개 부문 모두를 대표하는 녹색 장관회의를 뒷받침합니다. 그들은 1년에 1~2번씩 정부와 기업 간 대화가 지속될 수 있도록 기업 CEO급 인사들과 장관들이 함께 하는 자리를 가집니다. 개발의 일환으로 많은 덴마크 기업들은 규제를 강화하려고 합니다. 왜냐하면 그들은 규제를 통해 새로운 기술을 개발하고 다른 시장과 세계의 다른 지역에서 경쟁사들보다 경쟁 우위를 점할 수 있다고 생각하기 때문입니다. 이 같은 매우 통합된 과정을 통해 우리는 실제로 덴마크 밖에서도 사업이 더 강력해질 수 있도록 돕고 있습니다.

Q. 아시다시피 대부분의 선진국들이 산업화를 거치며 기후변화를 일으켰지만 피해는 개발도상국에 집중되고 있습니다. 개도국은 기술적으로나 경제적으로 탄소중립 달성에 불리하기도 합니다. 국제적으로 이런 불평등 문제를 어떻게 해결해야 한다고 생각하시나요?

A. 우선 우리는 기후변화에 함께 대처하는 것에 대한 공통의 관심사를 가지고 있습니다. 그리고 우리는 이것을 비난이 아닌 협력적인 접근으로 만들기 위해 최선을 다해야 합니다. 저는 OECD 국가로서 개발도상국들을 지원하고 협력해야 할 의무가 있다고 생각합니다. 물론, 훨씬 더 발전된 신흥 시장인 개발도상국들도 있고, 또 매우 가난하고 매우 취약한 나라들도 있습니다. 그리고 아시아 국가들 중 일부는 민간 부문에서 시장 기반의 접근과 투자를 할 수 있는 국가들이 있습니다. 이런 국가에는 기후 친화적인 기술 개발을 위한 금융 시스템과 기후 기술의 상용화를 도울 수 있는 투자, 적절한 인센티브 같은 것이 더 중요할 수 있습니다. 아프리카의 다른 나라들, 기후변화에 취약한 섬나라, 아시아의 저지대 국가도 도움이 필요합니다. 선진국들이 매년 1,000억 달러의 투자를 창출하겠다는 서약이 중요한 의미를 갖는 곳들입니다. 덴마크 정부는 우리가 영국 글래스고에서 1,000억 달러의 1% 이상을 지원하겠다고 약속했는데, 이는 상당히 높은 비율입니다. 우리는 기후변화 적응에 60%를 지원할 공공 보조금을 내기로 약속하기도 했습니다. 우리는 지금 아프리카, 특히 에너지와 물 분야에 집중 지

원하고 있습니다. 이것은 우리의 의무라고 생각합니다. 우리는 아프리카에서 친환경 에너지를 개발해 수입할 수 있지만 아프리카의 산업 발전에도 도움을 줄 수 있습니다. 녹색기술을 개발도상국에 지원할 수 있는 협력적인 접근법이 필요합니다. 마지막으로 재정 흐름을 좀 더 체계적으로 살펴본다면, 덴마크는 앞으로 진행될 모든 투자가 친환경적이고 파리기후변화협약과 기후변화 대응 활동에 부합하도록 확실히 하고 있습니다. 일례로 덴마크는 해외의 화석연료 투자에 대한 모든 공적자금 지원을 중단하기로 결정했습니다. 석유와 가스에 대한 공공자금 지원은 세계 어느 곳에서나 금지됩니다. 수출 신용과 개발 지원 계획을 통해 다 막았기 때문입니다.

참고자료

1부

IPCC, "The Sixth Assessment Report(AR6) Climate Change 2021: The Physical Science Basis", 2021

WMO, "State of Climate in 2021: Extreme events and major impacts", 2021

Environmental Research Letters, "The 2019/2020 mega-fires exposed Australian ecosystems to an unprecedented extent of high-severity fire", 2021

NOAA, "Global atmospheric carbon dioxide and surface temperature (1880~2020)", 2021

IPCC, "Global Warming of 1.5°", 2018

IEA, "Net Zero by 2050", 2021

자본시장연구원, "2050 탄소중립과 배출권거래제의 활성화", 2021

넥스트, "한국 산업계가 직면한 기후 리스크의 손익 영향도 분석", 2022

KDB미래전략연구소, "그린플레이션의 배경과 동향", 2021

코트라, "EU 탄소국경조정제도(CBAM) 주요 내용 및 영향", 2021

KIEP, "탄소국경조정제도의 중소기업에 대한 영향과 해외 정책사례", 2021

자본시장연구원, "2050 탄소중립과 배출권거래제의 활성화", 2021

신상범, "한국 배출권 거래제도의 현황과 동북아 탄소 시장의 통합 가능성", 2019

2부

PwC·삼일회계법인, "PwC 기후기술 보고서 : 기후테크, 벤처캐피탈의 다음 목적지", 2021

산업통상자원부·한국에너지공단, "2020년 산업 부문 에너지 사용 및 온실가스 배출량 통계", 021

World Steel Association, "Climate change and the production of iron and steel", 2021

통계청 국가통계포털(KOSIS), "조강 생산", 2021

과학기술정보통신부·한국에너지기술연구원, "탄소중립 기술혁신 추진전략: 10대 핵심기술 개발 방향", 2021

2050 탄소중립위원회, "2050 탄소중립 시나리오", 2021

연구개발특구진흥재단, "글로벌 시장동향보고서: 그린수소 시장", 2021

MarketsandMarkets, "Green Hydrogen Market", 2021

대한무역투자진흥공사(KOTRA), "독일 수소산업", 2020

Denmark Ministry of Energy Utilities and Climate, "Regeringens strategi for Power-to-X", 2021

WRI, "Everything You Need to Know About the Fastest-Growing Source of Global Emissions: Transport", Oct 2019

WRI, "4 Charts Explain Greenhouse Gas Emissions by Countries and Sectors", Feb 2020

한국석유공사, "세계 전기차 시장 동향 및 석유 시장 영향", 2021년

3부

GTC, "2020 기후기술 수준 조사", 2021

BloombergNEF, "Energy Transition Investment Trends 2022"

BloombergNEF, "Korea Hydrogen Funding Not Aligned With Net-Zero Goal",

2021

환경부·탄소중립위원회, "기후위기 대응을 위한 탄소중립·녹색성장 기본법 시행령안", 2022

김현석, "기후기술투자가 한국경제에 미치는 영향 분석", 2022